Ich schenk dir eine Geschichte 2000
Freundschaftsgeschichten

Wir danken den Autorinnen und Autoren,
die ihren Leserinnen und Lesern
die in diesem Buch enthaltenen Geschichten
geschrieben und geschenkt haben.

Wir danken folgenden Firmen, mit deren
freundlicher Unterstützung dieses Buch
ermöglicht wurde:

Munkedals AB, Schweden (Textpapier)
Tullis Russel Company, Schottland (Umschlagkarton)
Uhl + Massopust, Aalen (Satz)
Repro Stegmüller, München (Umschlagrepro)
Elsnerdruck GmbH, Berlin (Druck/Bindung)
VVA Vereinigte Verlagsauslieferungen, Gütersloh

Ich schenk dir eine Geschichte 2000

Freundschaftsgeschichten

Herausgegeben von
der Stiftung Lesen
in Zusammenarbeit mit
der Deutschen Bahn AG,
Mitsubishi Motors,
der Verlagsgruppe Bertelsmann
und dem ZDF

Band 20800

Der Taschenbuchverlag
für Kinder und Jugendliche
von Bertelsmann

OMNIBUS-Taschenbücher gibt's in Buchhandlungen, in Buchabteilungen
der Warenhäuser und überall, wo man Bücher kaufen kann.
Buchhandlungen sind gern bereit, jedes lieferbare OMNIBUS-Taschenbuch
schnell zu besorgen.
Das OMNIBUS-Gesamtverzeichnis gibt's beim Buchhändler oder unter dieser
Adresse: OMNIBUS, Prospektservice, 81664 München

Informationen über unser Programm im Internet:
http:\\www.omnibus-verlag.de

Umwelthinweis:
Dieses Buch wurde auf chlorfrei gebleichtem
Papier gedruckt.

Einmalige Sonderausgabe April 2000
Gesetzt nach den Regeln der Rechtschreibreform
© 2000 C. Bertelsmann Jugendbuch Verlag, München
in der Verlagsgruppe Bertelsmann GmbH
Alle Rechte vorbehalten
Lektorat: Susanne Härtel
Umschlagbild: Eva Schäffmann-Davidov
Umschlagkonzeption: Klaus Renner
Daumenkino: Nick Blume, nach einer Vorlage
von NETWORK!, München
Kn · Herstellung: Stefan Hansen
Satz: Uhl + Massopust, Aalen
Druck: Elsnerdruck, Berlin
ISBN 3-570-20800-1
Printed in Germany

Vorwort

Mutig, phantasievoll – und unberechenbar

... plötzlich fragt ein Junge die Zugbegleiterin, ob sie nicht ausnahmsweise mal Postbote spielen könnte. Und ein Mädchen trägt auf einmal einen Schlüsselbund mit Bayern-München-Emblem, obwohl sie eigentlich Fußball schrecklich findet. Denn kaum kommt die Liebe ins Spiel, sind die meisten Kinder in diesen Geschichten ebenso mutig, phantasievoll und unberechenbar wie die Erwachsenen in solchen Situationen. Mindestens.

Unser diesjähriges Kinderbuch zum UNESCO-Welttag des Buches am 23. April erzählt von Freundschaft und Liebe in fast allen Varianten: von den Gefühlen zu einem noch ungeborenen Geschwisterchen oder der Fürsorge für eine ausgesetzte Katze bis hin zu scheuem Taxieren, raffinierten Annäherungsversuchen – und ersten Küssen.

Entsprechend vielfältig sind die Reaktionen, die beim Lesen provoziert werden. Zum Beispiel Mitzittern, Lachen ... und natürlich das erleichterte Aufatmen: Andere sind auch nicht schlauer als wir selbst, wenn sie sich richtig verliebt haben. Eine solche Vielfalt war uns bei der Auswahl der Texte besonders wichtig. Denn wir sind uns bewusst: Mit dem Welttagsbuch erreichen wir jedes Jahr den Großteil der acht- bis vierzehnjährigen Kinder – und haben damit eine außerordentliche Chance, sie für das Lesen zu begeistern.

Der Welttag des Buches ist ein Lesefest, an dem gespielt, experimentiert und möglichst viel gelesen wird. Dazu trägt die Kampagne »Das ganze Herz fürs Lesen« mit ihren vielfältigen Aktionen in Schulen, Buchhandlungen, Bahnhofsbuchhandlungen und Bibliotheken bei – und ihr Herzstück ist dieses Buch mit Beiträgen renommierter Autorinnen und Autoren.

Wir wünschen allen einen erfolgreichen Welttag des Buches 2000 – und viel Spaß beim Lesen.

Frank Wössner
Vorstandsvorsitzender
der Bertelsmann Buch AG

Hartmut Mehdorn
Vorstandsvorsitzender
der Deutschen Bahn AG

Horst Wiltmann
Geschäftsführer der
MMC Auto Deutschland GmbH
Importeur für
Mitsubishi Automobile

Dieter Stolte
Intendant des ZDF

Inhalt

Anne Steinwart	Eine Katastrophe und der Anfang einer großen Liebe	9
Jürgen Banscherus	Regionalexpress 4673	22
Kirsten Boie	Kann doch jeder sein, wie er will	34
Herbert Günther	Matthias steigt um	53
Jo Pestum	Der Indianer-Opa	68
Christian Bieniek	Filmstar und Burgfräulein	79
Monika Feth	Die Katze	89
Manfred Mai	In einem fremden Land	101
Achim Bröger	Ich freu mich!	110

Anne Steinwart

Eine Katastrophe und der Anfang einer großen Liebe

Eigentlich wollten Mama und ich die Tage an der Ostsee ganz allein zu zweit verbringen.

»Acht Tage, nur ich und du, wir beide«, hatte Mama gesagt. Ich glaube, sie hatte ein schlechtes Gewissen …

Seitdem sie von Papa geschieden ist, arbeitet sie als Sekretärin in einem Verlag. Sie geht morgens mit mir aus dem Haus und kommt am Nachmittag zurück, und zwar früher oder später. Meistens später. Ich bin ganz oft bei meiner Oma. Das ist aber nicht schlimm. Meine Oma ist supernett.

Trotzdem hätte ich nichts dagegen, wenn Mama mehr Zeit hätte. Doch das ist ein anderes Thema. Und dass ich manchmal meinen Vater vermisse, ist noch ein anderes Thema. Jetzt will ich ja nur meine Urlaubsgeschichte erzählen.

10 *Eine Katastrophe*

Also: Mama hatte von einer Halbinsel an der Ostsee gehört, die das reinste Paradies sein sollte. Irgendwann ist dieses Paradies aus drei kleinen Inseln entstanden. Deshalb hat es drei Namen: Fischland – Darß – Zingst. »Paradies und Fischland klingt gut«, hatte ich gesagt. »Da fahren wir hin!« Mama hat herumtelefoniert und für uns ein Doppelzimmer in einer Pension gefunden. In Born, einem winzigen Dorf auf dem mittleren Teil der Halbinsel.

In der zweiten Woche der Osterferien fuhren wir mit der Bahn bis zur Küste und dann noch ein Stück mit dem Bus. Unsere Koffer hatten wir schon ein paar Tage vorher aufgegeben, damit wir nicht halb tot im Paradies ankamen. Mama und ich lesen in jedem Urlaub wie die Weltmeister. Ungefähr zwanzig Bücher hatten wir eingepackt und die wogen mehr, als zwei starke Frauen tragen können.

Unser Dorf erinnerte mich sofort an ein altes Bilderbuch. Kleine Häuser mit reetgedeckten Dächern, die wie warme Mützen aussehen. Überall Frühlingsblumen und Büsche und Bäume. Und mitten im Dorf unsere Pension mit besonders schöner Mütze und bunt bemalter Haustür. Ich war hin und weg!

Auch unser Zimmer mit den altmodischen Ehebetten war genauso, wie es mir supergut gefällt. Irgendwie kuschelig. Und so fühlte ich mich auch, als ich nach Abendessen und Kofferauspacken reisemüde

Eine Katastrophe **11**

neben Mama im Bett lag. Ich habe mir sogar von ihr vorlesen lassen. Wie früher, als ich noch klein war.

In den ersten Tagen radelten wir über die Halbinsel, schauten uns alles an, fanden den schönsten Strand der Welt und wollten nirgends woanders mehr hin.

Es war sommerlich warm, gar nicht windig und gar nicht aprilmäßig. Wir konnten im Sand liegen und lesen. Der feine, weiße Zuckersand war weich und warm und vor uns plätscherte friedlich die Ostsee. Wunderschön war das! »Paradiesisch«, sagte ich jeden Tag ein paar Mal und Mama war total meiner Meinung. Wir waren beide so zufrieden wie die Seevögel um uns herum. Am sechsten Urlaubstag – wir kamen gerade vom Strand zurück – saß plötzlich Paul vor unserer Pension und wartete auf uns. Ich war augenblicklich stinksauer, ahnte jedoch noch nicht, was für eine Katastrophe auf mich zukam.

»Was will der hier?«, fragte ich Mama. »Spinnt der?«

»Ich glaube ja«, murmelte Mama, aber sie sah nicht besonders entrüstet aus, ließ mich stehen und ging zu ihm. Und dann dachte ich, die Welt geht unter. Paul stiefelte ihr entgegen, lachte und dann umarmte er sie doch tatsächlich. Und Mama ließ es geschehen und … küsste ihn!

Peng! In mir explodierte etwas. Eigentlich hätte die ganze Halbinsel beben müssen. Ich raste durch den Hintereingang ins Haus, in unser Zimmer.

Meinen Rucksack feuerte ich in eine Ecke und mich selbst aufs Bett. Dass der Sand mir aus den Sandalen und Jeanstaschen rieselte, war mir total schnuppe.

Ich starrte an die Zimmerdecke und versuchte einen klaren Gedanken zu fassen. Wieso kreuzte Paul hier auf? Was hatte das zu bedeuten? War das geplant? Und die Frage aller Fragen hoch drei: Wieso lässt Mama sich von ihm umarmen, wieso küsst sie ihn, wie lange machen die solche Sachen schon? Tausenderlei raste mir durch den Kopf. Mama und Paul ein Liebespaar – nein, das wollte ich einfach nicht glauben!

Mama war manchmal mit ihm ausgegangen und hatte immer gut von ihm gesprochen. Doch das hatte ich nie verdächtig gefunden. Er arbeitet ja auch im Verlag, hat Mama vor drei Jahren eingearbeitet … Zu mir war er auch immer nett, aber er ist uralt, hat einen Bauch und mehr Haut als Haare auf dem Kopf. In so einen verliebt man sich doch nicht!

Aber Mama hat ihn geküsst! O Mann, sie *sind* ein Liebespaar und ich hatte keine Ahnung davon! Warum hat Mama mir nichts gesagt?????

Ich war wütend und traurig und enttäuscht zugleich.

Eine Katastrophe **13**

Als Mama ins Zimmer kam, drehte ich mich auf den Bauch und bohrte meinen Kopf in die Kissen.

»Miri«, sagte sie, »liebe Miri«, setzte sich auf die Bettkante und berührte meinen Nacken. »Es tut mir so Leid. Aber ich kann dir alles erklären.«

Ich machte mich steif und fauchte: »Hände weg und lass mich in Ruhe. Ich rede nicht mehr mit dir!«

»Dann hör mir wenigstens zu«, sagte Mama sehr energisch, nahm ihre Hand zurück und legte los: »Erstens: Ich hatte keine Ahnung, dass Paul heute kommen wollte. Aber ich hätte ihn heute Abend angerufen, um zum Geburtstag zu gratulieren. Er wird heute fünfundvierzig. Zweitens: Ich wollte dir nach dem Telefonat von ihm und mir erzählen. Drittens: Ich kann deine Empörung verstehen. Viertens: Ich kann auch Paul verstehen. Er wollte sich selbst ein Geschenk machen und den Geburtstagsabend mit mir verbringen. Vielleicht auch mit mir und dir. Die Entscheidung wollte er dir überlassen. Fünftens: Ich soll dir sagen, dass er uns nicht stören will und morgen wieder verschwindet. Sechstens: Er würde sich freuen, wenn du gleich mit uns essen gehst.« Sie machte eine kurze Pause und fügte hinzu: »Ein gewisser Struppi würde sich auch freuen! Paul hat nämlich jemand mitgebracht. Der Hund seines Bruders sitzt noch im Auto ...«

Während Mamas langer Rede hatte

14 *Eine Katastrophe*

ich mich ein bisschen beruhigt, aber die Hundege-
schichte machte alles wieder kaputt. Die wollen mich
erpressen, dachte ich, mit einem Hund, extra ausge-
liehen, um mich zu trösten. Die schrecken vor nichts
zurück!

»Geburtstage und Hunde von deinen Arbeitskolle-
gen interessieren mich nicht«, sagte ich eiskalt. »Ich
will jetzt schlafen! Geh zu deinem Paul. Von mir aus
die ganze Nacht. Ende der Sprechstunde!«

Dann zog ich mir die Bettdecke über den Kopf und
stellte mich tot. Da wusste Mama genau, dass sie
nichts mehr tun konnte. Wenn ich diesen Zustand er-
reicht habe, ist es aus und vorbei. Dann kann einer
Akrobatik machen oder ohnmächtig werden. Nichts
hilft! Mama musste das schon öfter aushalten. Sie
blieb noch eine Weile stumm auf der Bettkante sitzen,
dann ließ sie mich allein und ging zu ihrem Paul.

Und was machte ich? Ich fing an zu lesen. Weil ich
nicht sterben wollte und heulen erst recht nicht. »Das
Herz des Piraten« habe ich gelesen und dann doch ge-
heult. Das Mädchen in der Geschichte, die Jessi, tat
mir so Leid. Ihr Vater kommt zurück und Jessis Mutter will ihn nicht mehr – und er verschwindet auf
Nimmerwiedersehen. Wenn das nicht zum Heulen
ist!

Später habe ich noch eine Zeit lang am Fenster ge-
sessen und die Sterne gezählt. Und noch später habe

Eine Katastrophe **15**

ich den Sand aus dem Bett gefegt und nur noch geschlafen. Ich wurde auch nicht wach, als Mama zurückkam. Aber zurückgekommen war sie, morgens lag sie jedenfalls ganz normal neben mir ...

Ich rührte mich nicht, bis sie ausgeschlafen hatte. Ich musste sie nur dauernd angucken und wollte endlich mit ihr reden. Richtig reden wollte ich mit ihr, nicht so biestig wie am Abend vorher.

Als sie die Augen aufschlug, sah sie sofort hellwach aus und schaute mich ernst an.

»Warum hast du mir nichts gesagt?«, fragte ich.

Sie wusste sofort, was ich meinte.

»Ach Miri«, sagte sie. »Paul liebt mich schon lange. Dass ich ihn auch liebe, ist mir erst vor kurzem klar geworden. Bis dahin war er ein guter Kollege und ein guter Freund. Mehr nicht. Wenn er jetzt nicht gekommen wäre, hättest du es gestern von mir erfahren. Ehrenwort!«

»Willst du ihn heiraten?«, fragte ich schnell.

Sie schüttelte den Kopf. »So weit denke ich nicht. Die Liebe ist eine komplizierte Sache. Besonders, wenn man sie schon einmal verloren hat. Dann fängt man ganz langsam und vorsichtig neu an.« Sie sprach mit mir wie mit einem Erwachsenen. Das fand ich supergut! »Paul hat ein großes Herz«, sagte sie, »da ist viel Platz für mich. Auch für dich, wenn du es willst.«

16   Eine Katastrophe

Dazu konnte ich nichts sagen – aber der Hund fiel mir ein ...

»Warum ist der Hund bei Paul?«, fragte ich und war plötzlich richtig neugierig. Am Abend vorher war mir diese Frage gar nicht in den Sinn gekommen. Da hatte ich ja nur noch Rot gesehen!

Mama erzählte, dass Pauls Bruder vor zwei Wochen umgezogen war und seinen Hund in ein Tierheim bringen wollte. Weil in der neuen Wohnung kein Platz für ihn war.

»Das würde ich nie im Leben tun«, sagte ich, »einen Hund weggeben. So eine Gemeinheit!«

»Paul hat Struppi erst einmal aufgenommen«, sagte Mama. »Ob er ihn behalten kann, weiß er noch nicht. Er muss ja den ganzen Tag arbeiten. Aber er würde gerne mit dir darüber reden. Er hat da so eine Idee ...«

Nun wurde ich noch neugieriger. »Ist Paul noch da?«

»Hmmm«, sagte Mama. »Wir können mit ihm frühstücken, bevor er wieder fährt. Er wohnt drei Häuser weiter.« Sie sah mich prüfend an.

»Warum nicht«, sagte ich und da mussten wir beide lachen.

Ehrlich gesagt, war mir aber nicht nur nach Lachen zu Mute. Nach einer Katastrophe muss man sich erst wieder erholen und einiges verdauen. Aber der

Eine Katastrophe **17**

Hund – der Hund interessierte mich sehr – und Pauls Idee ...

Wir haben dann zusammen gefrühstückt, Mama, Paul und ich. Struppi lag unter dem Tisch, an Pauls Füße gelehnt.

Ich habe ihn zur Begrüßung gestreichelt, doch er wollte erst mal nichts von mir wissen. Er hat mich noch nicht einmal angeguckt. Ich ihn aber genau!

Ich hockte mich zu ihm und musterte sein struppiges, grau-braunes Fell – viel mehr zeigte er nicht von sich. Er lag platt, hatte den Kopf zwischen seinen Pfoten vergraben.

Dass er nicht mehr der Jüngste ist, erkannte ich trotzdem, und dass er ein Mischling ist. Ein sehr interessanter Mischling, dachte ich, halb Dackel, halb Schnauzer.

Auf einmal hob er seinen Kopf und guckte mich an.

Da war es um mich geschehen! Ich sah das schönste Hundegesicht, das ich je gesehen hatte. Braune Augen unter buschigen Brauen, kleine Flügelohren und auf dem Kopf zwischen den Ohren ein Büschel frecher Stehhaare!

Der Name passt hundertprozentig, dachte ich, er sieht aus wie ein Struppi. Und wie er guckte! So traurig und weise, als ob er tausend Geschichten erzählen könnte.

Das tat er natürlich nicht. Er legte

seinen Kopf wieder ab, gab keinen Laut von sich und regte sich auch nicht mehr.

»Er ist oft ganz still«, sagte Paul. »Sein Herrchen ist abgehauen. Das muss er erst mal verdauen.«

Ich nickte und dachte: Armer Struppi! Am liebsten hätte ich mich zu ihm gelegt. Einfach so an seine Seite. Ganz nah.

»Ich möchte ihn gerne behalten«, sagte Paul, »wenn ich nur wüsste, wie das gehen soll.«

»Du hattest doch eine Idee«, platzte ich heraus und kriegte Herzklopfen. Ich ahnte nämlich etwas.

»Ja«, sagte Paul und zögerte und fragte, ob ich noch sauer auf ihn sei.

Ich schüttelte ungeduldig den Kopf.

»Tut mir Leid, dieser Überfall gestern«, sagte Paul. »Ich hatte keine Ahnung, dass du nicht Bescheid wusstest.«

»Mama hat mir alles erklärt«, sagte ich. »Alles Gute zum Geburtstag.«

Und dann rückte Paul endlich mit seiner Idee raus. Ob ich mich ein wenig um Struppi kümmern könnte, nachmittags, wenn er im Verlag ist? Ich hatte gehofft, dass er genau diese Frage stellen würde.

»Klar«, sagte ich. »Ich hole ihn nach der Schule ab und nehme ihn mit zu meiner Oma. Sie hat einen Garten und sie mag Hunde! Abends kannst du ihn holen oder ich nehme ihn mit zu mir.«

Eine Katastrophe 19

»Das hört sich gut an«, sagte Paul, langte mit einer Hand unter den Tisch und kraulte Struppi. »He du, deine Zukunft ist gesichert. Jetzt könntest du wenigstens einmal bellen. Du kriegst ein nettes Frauchen!«

Struppi hat tatsächlich gebellt! Zweimal, ganz kurz, so wie »Ja, ja!«.

Wir lachten dreistimmig.

»Willst du wirklich gleich schon fahren?«, fragte ich Paul und meinte eigentlich Struppi.

»Ich muss«, sagte Paul. »Heute Nachmittag ist Verlagskonferenz. Die hab ich vorbereitet und muss sie leiten.«

»Und Struppi?«, fragte ich aufgeregt. »Kann *er* nicht hier bleiben?«

Paul schüttelte den Kopf. »Leider nein, Mirjam«, sagte er. »Schon wieder eine fremde Umgebung und fremde Menschen, das hält kein Hund aus!«

Ich überlegte nicht eine Sekunde. »Dann fahren wir mit«, sagte ich einfach.

Mama fiel fast vom Stuhl.

Aber wir sind dann wirklich mit Struppi und Paul zurückgefahren. Weil ich es so gerne wollte!

Es klingt sicher total verrückt, aber ich dachte, Struppi braucht mich und ich brauche ihn. Wir sind füreinander bestimmt!

Mama und ich hatten schöne Tage auf

der Paradieshalbinsel verbracht, aber den Rest der Osterferien wollte ich unbedingt mit Struppi verbringen und ich wollte sofort damit anfangen. Obwohl ich ihn gerade erst kennen gelernt hatte, war er schon ganz und gar mein Hund.

Während der Autofahrt saß Struppi neben mir und fing irgendwann an, mich zu beschnuppern. Das war unheimlich schön! Seine Flügelohren wippten und seine Augenbrauen bewegten sich rauf und runter. Und dann leckte er an meiner Hand und guckte mich dabei mit seinen schönen Augen an und lächelte. Ja, er lächelte mich wirklich an! Und dann hat er sich zusammengefaltet, den Kopf auf die Pfoten gelegt und ist eingedöst. Ich saß selig neben ihm und hielt ihn die ganze Zeit in meinen Armen. Aber nur in Gedanken! Mit einer neuen Liebe muss man langsam und vorsichtig anfangen, hatte Mama gesagt. Ich wollte Struppi auf keinen Fall erschrecken! Ganz geduldig wollte ich sein und das war ich auch ...

Nun sind wir schon über eine Woche wieder zu Hause. Struppi gewöhnt sich langsam an mich und ich gewöhne mich langsam an die Tatsache, dass Mama und Paul ein Liebespaar sind. Paul hat einen Bauch und bald eine Glatze, aber er hat dafür gesorgt, dass Struppi nicht ins Tierheim gekommen ist. Das rechne ich ihm hoch an! Vielleicht fahren wir in den

Sommerferien zu viert noch einmal nach Born. Nein, nicht vielleicht – ich will das hundertprozentig!

Und Struppi will das auch. Ich habe ihn gerade gefragt, was er davon hält. Er lächelt mich an und wedelt wie verrückt mit dem Schwanz!

Jürgen Banscherus

Regionalexpress 4673

Mein Vater ist schuld. Wahrscheinlich hat er es bis heute nicht verkraftet, dass er nie deutscher Meister im Dreisprung geworden ist. Wenn nicht die dumme Verletzung gewesen wäre, sagt er, hätte ihn keiner aufhalten können. Ich schätze, er übertreibt ein bisschen. Irgendwann ist er mal Kreismeister geworden, die Urkunde hängt über seinem Schreibtisch. Das muss schon verdammt lange her sein. Seit ich denken kann, sieht er eher aus wie ein Gewichtheber oder Superschwergewichtsringer.

Zu schade, dass es damals mit der deutschen Meisterschaft nicht geklappt hat. Dann hätte ich meine Ruhe. Aber so? Ob es ums Schnellessen geht oder Vielessen (in beidem ist er unschlagbar), ob wir Wanderungen unternehmen oder Radtouren, ob wir uns gegenseitig Vokabeln für den nächsten Italienurlaub abhören oder gemeinsam den Garten umgraben –

mein Vater macht einen Wettkampf daraus. »Roman«, sagt er in solchen Fällen zu mir, »Roman, wer als Erster mit seinem Beet (seinem Teller, seiner Pizza, seinem Berg, seiner Tagesetappe) fertig ist, hat gewonnen.« Für den Sieger gibt es kein Geld, keinen Kinobesuch, nicht einmal ein Eis. Deshalb gewinnt er auch meistens. Warum sollte ich mich anstrengen?

Trotzdem habe ich irgendwann selbst mit dem Unsinn angefangen. Kein Wunder, wenn das halbe Leben nur aus mehr oder weniger dämlichen Wettkämpfen besteht! Das färbt ab. Das steckt an. Wie Grippe. Oder Windpocken. So kam ich auf die Idee mit dem Rennen. Roman gegen die Bahn. Zwei Räder gegen Tonnen von Stahl.

Wir wohnen nicht weit vom Bahnhof. Er hat bloß zwei Gleise und nicht einmal einen Fahrkartenschalter. Dafür gibt es einen Automaten, der einmal in der Woche kaputtgeht. Bei uns hält nur der Regionalexpress, eine Lok mit vier oder fünf Waggons. Wenn er aus dem Bahnhof losfährt, dauert es eine Weile, bis er auf Touren kommt. Während er beschleunigt, führen die Gleise fünfhundert Meter lang schnurgerade an einem asphaltierten Feldweg vorbei.

Dienstagnachmittags habe ich Gitarrenunterricht. Nach sechs Stunden in der Schule rase ich nach Hause, schlinge das Mittagessen hinunter und setze mich sofort an die Schulaufgaben. Bei meiner Gitarrenlehrerin komme ich deshalb oft erst im letzten Augenblick und mit hängender Zunge an.

Vor einem halben Jahr war ich wieder mal spät dran. Aber diesmal nahm ich als Abkürzung mit meinem Rad den Feldweg. Wie der Zufall es wollte, fuhr genau in dem Moment, als ich den Weg erreichte, der Regionalexpress 4673 aus unserem Bahnhof los.

Weil mir bloß noch fünf Minuten bis zum Beginn des Unterrichts blieben, trat ich wie verrückt in die Pedale. Da war auf einmal der Zug neben mir. Zweihundert Meter hielt ich mit. Dann wurde die Bahn zu schnell und ich fiel zurück.

Aber am Abend fasste ich einen Entschluss: Ich wollte es schaffen, die gesamten fünfhundert Meter neben dem Zug zu bleiben. Meinem Vater sagte ich nichts von meinem Plan. Der hätte mich sonst vor dem Frühstück zum Joggen in den Wald geschickt und mich morgens und abends Gymnastik machen lassen.

Am nächsten Nachmittag nahm ich mir mein Rad vor. Ich ölte die Kette, schmierte die Naben, richtete die Pedale, stellte die Gangschaltung nach. Der RE 4673 fuhr um 16.17 Uhr in unserem Bahnhof ab. Ich würde den Zug hören, wenn er sich in Bewegung setzte.

Die Bahn fuhr pünktlich los, während ich mit Höchstgeschwindigkeit auf den Feldweg zuraste. Um 16.18 Uhr erreichten wir beide den Weg. Der Zug beschleunigte, ich strampelte wie ein Wilder. Nach zweihundert Metern hatte ich wie am Tag zuvor keine Kraft mehr. Ich ließ die Beine hängen und der RE 4673 verschwand um die nächste Kurve.

Schwer atmend setzte ich mich auf die Böschung. So einfach war es also nicht. Ohne Training würde ich es nie schaffen.

Und ich quälte mich. Tag für Tag. Wochenlang. Ich suchte mir Strecken aus, die dem Feldweg ähnelten. Ich fuhr im Sprint Berge hinauf, um Kondition und Schnelligkeit zu verbessern. Ich aß möglichst oft Nudeln, weil ich gelesen hatte, dass es viele Radrennfahrer genauso machen. Nachts träumte ich sogar davon, dass ich die Tour de France gewann. Vor Jan Ulrich …

»Man sieht dich kaum noch«, sagte mein Vater eines Abends. Wir saßen beim Essen. Vor mir stand ein großer Teller mit Bandnudeln.

»Ich fahre viel rum«, sagte ich.

Mein Vater zog die Augenbrauen hoch. »Rum? Aha. Und warum stopfst du ständig Nudeln in dich rein?«

»Da sind Kohlehydrate drin«, antwortete ich. »Die brauche ich.«

Er dachte einen Augenblick nach. »Für mich als Dreispringer wären solche Nudelberge nicht das Richtige gewesen«, sagte er schließlich.

Meine Mutter legte ihm die Hand auf den Arm. »Lass dem Jungen doch seine Nudeln. Wir sollten froh sein, dass er so gern draußen ist.«

Aber mein Vater war noch nicht zufrieden. »Trainierst du vielleicht für einen Wettkampf?«, fragte er neugierig.

»Ich fahre nur zum Spaß«, antwortete ich und streute Parmesankäse über meine Nudeln.

»Nur zum Spaß, nur zum Spaß«, regte er sich auf. »Ein Junge wie du sollte ernsthaft trainieren. Olympia 2008 oder 2012 – wäre das nichts?«

»Nee«, sagte ich. »Das wäre nix.«

Mit der Zeit wurde ich schneller, konnte ein hohes Tempo schon ziemlich lange durchhalten. Außerdem wurde die Erholungszeit, die ich nach meinen Sprints brauchte, immer kürzer. Martin, der als einer der besten Radfahrer der Schule galt, nahm ich bei einem Rennen bis zur nächsten Stadt mehr als fünf Minuten ab.

Da beschloss ich, es hinter mich zu bringen. Der Zug würde mir auf den fünfhundert Metern nicht davonfahren, das stand für mich fest.

Am Vorabend verputzte ich zwei Teller Spagetti,

ging früh ins Bett und schlief, bis der Wecker klingelte. Mittags aß ich nicht viel, bloß ein bisschen Salat. Nach den Schularbeiten überprüfte ich mein Rad, spannte ein letztes Mal die Kette und machte mich auf den Weg.

Mit drei Minuten Verspätung fuhr der RE 4673 aus unserem Bahnhof los. Gleichzeitig startete ich. Auf die Sekunde genau erreichten wir beide den Feldweg.

Bei hundert Metern waren wir gleichauf. Aber ich beschleunigte weiter und bei zweihundert Metern hatte ich tatsächlich einen kleinen Vorsprung. Bei dreihundert Metern hatte der Zug aufgeholt, ich spürte, wie mir langsam die Puste ausging. Und bei dreihundertfünfzig Metern rutschte ich plötzlich vom rechten Pedal ab, konnte das Rad nicht mehr halten und flog in hohem Bogen in den Wassergraben, der auf einer Seite des Feldwegs verläuft.

In den Wochen zuvor hatte meistens die Sonne geschienen. Deshalb führte der Graben nur wenig Wasser. Aber morastig war er trotzdem. In diesem Morast lag ich nun. Alles tat mir weh. Als ich mich vom Rücken auf die Seite zu drehen versuchte, wurde es mir einen Herzschlag lang finster vor den Augen.

In diesem Moment beugte sich eine grauhaarige Frau über mich. Sie trug Jeans, einen weiten Pullover und Gummistiefel.

»Wo tut's weh?«, fragte sie.

»Kopf, Rücken«, stöhnte ich, »überall.«

»Kannst du die Arme bewegen?«, fragte sie.

Ich versuchte es. Es klappte.

»Und jetzt die Beine.«

Auch das funktionierte.

Sie lächelte. »Na, Gott sei Dank. Und jetzt leg deine Arme um meinen Hals.«

Der Frau die Arme um den Hals legen? Wie meiner Mutter, als ich klein war? Ich zögerte. Andererseits hatte ich auch keine Lust, noch länger im Matsch liegen zu bleiben. Also tat ich, was die Frau sagte. Vorsichtig hob sie mich so aus dem Graben heraus und legte mich auf die Böschung. Offenbar war auch sie mit dem Fahrrad gekommen, an einem Baum lehnte ein altes Hollandrad.

»Wie heißt du?«, fragte die Frau.

»Roman.«

»Ich hab dich beobachtet, Roman. Warum bist du so gerast?«

Ich zuckte die Schultern. Es tat weh.

»Bist du ein Rennen gegen den Zug gefahren?«, fragte sie weiter.

»Kann sein«, antwortete ich.

»Sei froh, dass du dir nicht das Genick gebrochen hast.«

Vorsichtig richtete ich mich auf. Ich brauchte lange, bis ich auf den Füßen stand. Mein Rad lag ein paar Meter entfernt im Graben. Wie es schien, war nichts kaputtgegangen.

»Danke«, sagte ich zu der Frau, während ich das Rad herauszog. »Ich glaube, es geht wieder.«

Energisch schüttelte die Frau den Kopf. »Nein, das glaube ich nicht. Ich wohne hier ganz in der Nähe. Bei mir kannst du dich ein bisschen sauber machen und dich erholen. Einverstanden?«

Das kleine Haus stand versteckt hinter einer Linde am Ende des Feldwegs, vielleicht war es mir deshalb nie aufgefallen. Auf einer Wiese rostete ein alter Lieferwagen vor sich hin, neben der Haustür stand eine Werkbank, auf der wohl gerade ein Fahrrad zerlegt worden war. Die Einzelteile lagen überall verstreut.

Nachdem ich mir den gröbsten Dreck abgewaschen hatte, gab es im Wohnzimmer Fanta und selbst gebackene Plätzchen. Die Frau saß mir die ganze Zeit gegenüber und schaute mir beim Essen zu.

»Wohnen Sie allein hier?«, fragte ich irgendwann. Eine blöde Frage, ich weiß. Doch mir fiel einfach nichts Intelligenteres ein.

Sie nickte. Ein zotteliger Hund kam herein und legte sich zwischen uns unter den Tisch.

»Und der Lieferwagen?«, fragte ich weiter.

»Den hab ich ausgeschlachtet«,

antwortete sie lächelnd. »Der Sessel, auf dem du hockst, ist der Beifahrersitz.«

Junge, Junge, eine irre Frau! Meine Mutter kriegte kaum einen Nagel in die Wand und die alte Dame hier schlachtete Autos aus!

Keine Ahnung, was wir noch geredet haben. Als ich nach einer Stunde ging, fühlte ich mich jedenfalls wie neu. Gut, ich hatte das Rennen gegen den Zug verloren. Wenn schon! Es war sowieso eine Schnapsidee gewesen.

»Hättest du Lust, mal mit mir einen Radausflug zu machen?«, fragte Ele – so hatte sie sich mir vorgestellt – zum Abschied. »Natürlich bin ich nicht so schnell wie du.«

Sie hatte mir immerhin geholfen. Deshalb konnte ich ihr die Bitte nicht gut abschlagen, obwohl ich eigentlich keine große Lust hatte. Wieso sollte ich mit einer alten Frau durch die Gegend radeln? Andererseits war sie ein bisschen schräg und hatte vielleicht ein paar Überraschungen auf Lager.

»Übermorgen?«, schlug ich vor.

»Einverstanden«, sagte sie.

Zu Hause warf meine Mutter die schmutzigen Sachen kommentarlos in den Wäschekorb, mein Vater erkundigte sich nach meinen Fortschritten in der Schule. Niemand bemerkte meine aufgeschürften Handflächen.

Es blieb nicht bei dem einen Ausflug. Immer wieder fuhren wir los. Ele zeigte mir Pflanzen und Vögel, die ich noch nicht kannte. Sie wusste, in welchen Bächen es Fische gab. Sie kletterte mit mir durch Ruinen, in denen sie schon als Kind gespielt hatte. Sie war wirklich eine äußerst bemerkenswerte Frau.

Vor allem aber hielt sie mich zurück, wenn ich wie früher achtlos durch die Landschaft preschen wollte. Ohne Ele würde ich heute noch eine Weide mit einer Pappel verwechseln. Oder einen Fasan mit einem Rebhuhn.

Es klingt vielleicht komisch – bei ihr habe ich sehen gelernt. Ich meine richtig sehen.

Mehr als einmal waren wir an der Stelle vorbeigekommen, an der ich so schwer gestürzt war. Aber eines Tages – Zufall oder nicht – waren wir genau um 16.17 Uhr dort. Da hörten wir auch schon das Geräusch der Bahn. Vielleicht wollte ich das Rennen gegen den Zug doch noch zu Ende bringen. Vielleicht juckte es mich einfach in den Beinen – jedenfalls trat ich schneller in die Pedale, beugte ich mich tiefer über den Lenker.

Ele erwischte mich im letzten Augenblick am Hemd und zwang mich zu bremsen. Der Zug überholte uns. Er fuhr langam, langsamer als in meiner Erinnerung.

Dann passierte etwas Ungewöhnli-

32 *Regionalexpress 4673*

ches: Der Lokführer schob das Fenster des Führerhauses auf und winkte uns zu.

Bestimmt stand ich da mit offenem Mund, denn Ele fragte: »Was hast du, Roman?«

»Ich hab zum ersten Mal den Lokführer gesehen«, antwortete ich.

»Früher warst du einfach immer zu schnell«, sagte Ele.

Ich nickte. »War ich wohl.«

Seit vier Wochen bin ich jetzt Mitglied in einem Radrennclub. »Adler« heißt er. Letzten Sonntag stand ich sogar auf dem Treppchen. Beim Rennen »Rund um den Wasserturm« bin ich Dritter geworden. Mein Vater war stolz wie Oskar. Er träumt von Olympia 2008 oder 2012. Ein bisschen träume ich mit. Die Goldmedaille im Mannschaftszeitfahren zum Beispiel, die wäre was. Mein Trainer sagt, ich hätte Talent. Ich müsste allerdings dringend abnehmen, vier Kilo mindestens. Wenn der wüsste, wie viele Teller Nudeln ich gegessen habe!

Und Ele? Die wartet mein Rennrad. Niemand kann die Schaltung so gut einstellen wie sie. Und niemand lässt die Räder runder laufen als sie. Sie ist einfach total geschickt. Wenn ich auf meinem Rennrad sitze, weiß ich, dass jedes Teilchen funktioniert.

Alle paar Tage fahre ich auch mit Ele los. Schön

langsam und ohne Stoppuhr. Das macht fast so viel Spaß wie das harte Training im Verein. Und hinterher gibt's Spagetti. Aber davon weiß keiner. Außer Ele und mir ...

Kirsten Boie

Kann doch jeder sein,
wie er will

Mama und Papa sind schuld. Man darf ein Mädchen nicht so nennen, das hat Robin ihnen ja schon immer gesagt. Mädchen müssen Nina heißen oder Valeska oder Ann-Katrein. Und nie im Leben Robin. Aber nun ist es eben zu spät.

»Stellt euch vor!«, sagt Frau Wagenbach im Morgenkreis vor der ersten Stunde. Sonst erzählen da eigentlich meistens nur die Kinder. Wie ihr Wochenende war und was sie im Fernsehen gesehen haben. Aber heute legt Frau Wagenbach gleich am Anfang selber los. »Stellt euch vor, wen ich gestern getroffen habe!«

Robin lehnt sich zurück. Wie sollen wir das denn wissen, denkt sie. Also das ist nun wirklich eine ziemlich blöde Frage. Steffi Graf wird es schon nicht gewesen sein. Oder einer von den Backstreet Boys. So was kann man doch im Leben nicht raten.

Kann doch jeder sein, wie er will 35

»Wen denn?«, fragt Valeska. Valeska meldet sich nie. Aber beim Morgenkreis ist das nicht so schlimm.

»Meine alte Studienfreundin Susanne!«, sagt Frau Wagenbach und Robin denkt, dass das mal wieder typisch ist. Erst tut Frau Wagenbach so geheimnisvoll, dass man glauben muss, sie hat mindestens Michael Jackson getroffen oder noch einen besseren Popstar, und dann ist es nur ihre langweilige Studienfreundin Suanne. Aber das hat Robin ja schon geahnt.

»Ganz durch Zufall!«, sagt Frau Wagenbach. »Ich bin im Stadtpark spazieren gegangen und da kam mir plötzlich diese Frau entgegen und ich habe gedacht: Kann denn das sein? Die sieht ja genauso aus wie meine alte Studienfreundin Susanne!«

Na toll, denkt Robin. Wo ich noch nicht mal genau weiß, was eine alte Studienfreundin überhaupt sein soll.

»Und da guckt sie mich an – und da war sie es wirklich!« Frau Wagenbach lacht. »Ist das nicht ein Zufall?«

Toller Zufall, denkt Robin. Aber natürlich ist es immer noch besser, wenn Frau Wagenbach von dieser Susanne erzählt, als wenn sie Rechtschreibung macht.

»Und Susanne ist jetzt auch Lehrerin«, sagt Frau Wagenbach. »Genau wie ich. Aber an der Nordsee, in einem kleinen Ort, hundert Kilometer von uns entfernt.«

36 *Kann doch jeder sein, wie er will*

»Da kann sie ja immer baden!«, schreit Valeska. »An der Nordsee!«

Frau Wagenbach nickt. »Klar, das kann sie«, sagt sie. »Und nun passt mal auf. Susanne und ich haben uns etwas ausgedacht.« Sie macht eine geheimnisvolle Pause. »Susanne hat nämlich auch eine vierte Klasse«, sagt sie dann. »Und wenn ihr mögt, könnt ihr denen Briefe schreiben. Und die Kinder schreiben euch zurück. Und wenn ihr euch dann erst mal richtig angefreundet habt und wenn eure Eltern einverstanden sind, können wir uns sogar gegenseitig besuchen. Die andere Klasse kommt für ein Wochenende zu uns und wir fahren zu ihnen.«

»Geil!«, schreit Valeska, aber Özden sagt, sie will gar nicht zum Baden ans Meer fahren. Wo ihre Oma wohnt, in der Türkei, fahren sie auch immer ans Meer.

Aber die meisten finden Frau Wagenbachs Idee gut. Robin eigentlich auch. An der Nordsee war sie noch nicht so oft. Und eine Brieffreundin ist gut. Vielleicht sammelt die die gleichen Sachen wie Robin. Dann können sie tauschen.

Eigentlich müssten sie nach dem Morgenkreis weiter darüber sprechen, wann man Wörter mit *einem* S schreibt und wann mit *zwei* S und wann mit *ß*.

Aber das lassen sie heute mal ausfallen, sagt Frau Wagenbach. Heute sollen sie lieber mal alle gleich ihre Briefe schreiben. Und damit sie das auch richtig gut machen, sammeln sie zuerst zusammen an der Tafel, was alles in so einen Brief gehört. Das schreibt Frau Wagenbach an. *Name*, steht jetzt da. *Alter. Größe. Hobbys. Fan von. Lieblingsessen. Lieblingsfarbe. Haustiere. Geschwister. Wünsche.*

Da ist so ein Brief ja ganz leicht.

»*Hi!*«, schreibt Robin. »*Wie geht es dir? Mir geht es gut. Ich heiße Robin. Ich bin neun Jahre alt, aber im September werde ich zehn. Meine Hobbys sind Blockflöte und Ballett. Ich bin kein richtiger Fan. Aber ich gucke meistens GZSZ. Wenn ich darf. Mein Lieblingsessen ist Spagetti ohne Soße. Meine Lieblingsfarbe ist Pink mit Schwarz zusammen. Ich habe keine Haustiere. Auch keine Geschwister. Ich sammle Pferdepostkarten. Ich wünsche mir am dollsten ein Pferd. Am süßesten finde ich kleine dicke Ponys. Shetties am liebsten. Was findest du süß?*

Schreib mir bald wieder! Viele Grüße, Robin.«

Dann malt sie ein Pferd unter den Brief und schreibt **Von Robin für ???** auf den Umschlag. Hoffentlich antwortet ihr die Brieffreundin von der Nordsee bald. An der Nordsee kann man ja nicht nur baden. Da kann man auch gut reiten. Auf dem Deich. Eine Brieffreundin an der Nordsee ist wirklich nicht schlecht.

*

38 *Kann doch jeder sein, wie er will*

»Nee!«, sagt Alex und lässt seine Ellbogen auf den Tisch donnern. »Ich krieg die Krise!« Gerade hat Frau Löscher ihnen ihre Briefe ausgeteilt. Vor einer Woche ist Frau Löscher nämlich ganz begeistert in die Klasse gekommen und hat erzählt, dass sie am Wochenende ihre alte Studienfreundin Brigitte wieder getroffen hat, die ist auch Lehrerin. Aber in Hamburg. Und nun sollen sie sich mit Brigittes Schülern Briefe schreiben und später dürfen sie die dann besuchen. Das nennt man dann Austausch.

So ganz toll hat Alex die Idee gleich nicht gefunden, aber man kann es natürlich machen. In Hamburg gibt es das Volksparkstadion, da kann er mit seinem Brieffreund vielleicht mal hingehen. Und gute Geschäfte gibt es da auch. Elektronikgeschäfte. Und man kann Bungiespringen machen, das hat er im Fernsehen gesehen. Vom Fernsehturm. Vielleicht ist das mit dem Brieffreund in Hamburg doch ganz in Ordnung.

Aber heute hat Frau Löscher nun die Briefe verteilt: an die Jungs immer die Briefe von Jungs und an die Mädchen die Briefe von Mädchen. Dann hat sie sich gefreut, dass es aufgegangen ist.

»Dabei hatte ich gedacht ...«, hat sie gesagt. »Na, da muss ich wohl was verwechselt haben.«

Alex starrt ungläubig auf das Blatt Karopapier mit der ordentlichen Schrift und dem komischen kleinen Tier drunter. Wahrscheinlich soll das eine Kuh sein.

»Was schreibt deiner denn?«, fragt Hajo.

Hajos Brieffreund hat genauso eine unordentliche Schrift wie Hajo, das sieht Alex auf den ersten Blick. Eine normale Schrift. Und komische Tiere hat er auch nicht gemalt. Wahrscheinlich ist Hajos Brieffreund normal.

»Was schreibt *deiner*?«, sagt Alex darum.

Hajo knallt den Brief vor ihn hin. »Fußball«, steht da, wenn man es entziffern kann, und »Eishockey« und »Computerspiele«. Hajos Brieffreund ist *wirklich* normal.

»Und deiner?«, fragt Hajo wieder.

Alex stöhnt. »Lies selber«, sagt er.

Als Hajo den Brief gelesen hat, starrt er Alex an. »Der hat einen an der Waffel«, sagt er mitleidig. »Aber echt.«

Alex nickt. »Ponys!«, sagt er. »Und Pink!«

Hajo grinst. »Pferdepostkarten!«, sagt er. »Und Ballett! Was findest du denn süß, du Süßer?« Er donnert Alex seine Hand auf die Schulter. »Scheiße, Alter!«, sagt er. »Wenn einer Robin heißt, denkt man doch, der schießt mit Pfeil und Bogen. Wegen diesem Robin Hood oder wie der hieß.«

»Ja, Scheiße«, sagt Alex. »Ich besuch den nicht.«

»Kann man tauschen?«, fragt Alex, als Frau Löscher ihn endlich dran

nimmt. Er hat sich mindestens eine halbe Stunde ge-
meldet. Ganz viele Kinder wollten irgendwas fragen.

»Tauschen?«, fragt Frau Löscher verblüfft. »Wie,
tauschen?«

»Kann ich einen anderen kriegen?«, fragt Alex,
und als Frau Löscher die Stirn runzelt, sagt er schnell:
»Meiner macht Ballett.«

Da holt Frau Löscher einmal tief Luft. »Das finde
ich jetzt nicht schön von dir, Alex«, sagt sie, »dass du
deinen Brieffreund ablehnst, nur weil er ein unge-
wöhnliches Hobby hat. Es müssen doch nicht alle
Menschen gleich sein! Und es gibt viele weltberühmte
männliche Tänzer. Getauscht wird nicht.«

Dann lächelt sie doch. »Du wirst sehen, der ist bestimmt nett. Nun schreib ihm einfach mal, dann wird
man ja sehen.«

Alex holt seinen Füller aus der Faulenzertasche.
Wenn Frau Löscher Ballett keinen Grund dafür findet, dass der Typ einen an der Waffel hat, braucht er
ihr das von den süßen Ponys erst gar nicht zu erzählen. Und dass der Brieffreund Pink gut findet. Da
sagt sie dann bestimmt auch nur, jeder Mensch darf
doch seinen eigenen Geschmack haben. Schreiben
muss ich ihm wohl, denkt Alex. Aber hinfahren tu ich
nicht. Nie im Leben.

*

»Nee, du!«, sagt Robin und hält Valeska ihren Brief hin. »Echt, du, ich sterbe!«

Valeska guckt von ihrem Brief hoch. Heute Morgen hat Frau Wagenbach ihnen schon die Antwortbriefe mitgebracht. Die Klasse von der Nordsee hat wirklich schnell geschrieben.

»Igitt, die Schrift!«, sagt Valeska. »Na, das hätte die aber wirklich noch mal sauber abschreiben können. Ist das echt für dich?«

Robin hält den Umschlag hoch. »*An Robin*« steht da. Und davon gibt es ja nur eine in der Klasse.

»Wie heißt sie?«, fragt Valeska. »Was schreibt sie?«

Robin legt den Brief vor sich hin. »Alexandra«, sagt sie. »Lies doch selber. Wenn du kannst.«

»Ziemlich unleserlich«, sagt Valeska mitfühlend. »Aber deshalb kann die doch trotzdem nett sein. Schrift ist nicht wichtig.«

Robin tippt sich an die Stirn. »Wenn eine als Hobby Fußball spielt? Und Kataloge vom Elektronikversand anguckt?«, sagt sie. »Was soll ich mit der denn hier machen?«

Da liest Valeska den Brief. Danach nickt sie. »Guck, ob du die tauschen kannst«, schlägt sie vor. Und das versucht Robin auch.

»Nur, weil deine Brieffreundin Fußball gut findet, willst du sie tauschen?«, ruft Frau Wagenbach. »Und weil sie sich für Technik interessiert? Ja, sag mal, in welchem Jahrhundert leben wir denn, Robin? Ich kenne viele Mädchen, die Fußball spielen, und viele Frauen studieren Physik! Bloß weil du findest, Technik ist nur was für Jungs ...«

»Nee, nee, finde ich ja gar nicht«, sagt Robin schnell. Bei solchen Sachen wird Frau Wagenbach immer so energisch. Wenn man darüber redet, was Mädchen spielen dürfen. Da hat es gar keinen Sinn mehr zu widersprechen. Darum schreibt sie dieser Alexandra eben zurück. Aber nicht zu lang. Und besuchen tut sie die nicht, das steht schon mal fest. Das Reiten auf dem Deich kann sie sich abschminken.

Als Mama und Papa vom Elternabend nach Hause kommen, gucken sie noch ganz schnell in Robins Zimmer. Wenn sie zum Elternabend gehen, kann Robin immer nicht so gut einschlafen. Wer weiß denn, was Frau Wagenbach Mama und Papa da alles erzählt! Darum muss Robin immer wach bleiben, um zu gucken, ob sie irgendwie böse nach Hause kommen. Oder vergnügt. Und vergnügt sind sie heute Abend wirklich.

»Ach, Robin, du schläfst ja noch gar nicht!«, sagt Mama. »Das war heute mal ganz interessant.«

»Ja?«, sagt Robin.

»Frau Wagenbach ist wirklich eine gute Lehrerin!«, sagt Mama. »Dieser Wochenendaustausch ist eine tolle Idee!«

»Muss ich mitmachen?«, sagt Robin und ist auf einmal schon wieder richtig wach. »Die Alexandra ist doch voll bescheuert! Die will ich hier nicht haben!«

»Robin!«, sagt Mama böse. »Gib mir mal ihren Brief! Das will ich jetzt selber sehen. Nur weil ein Mädchen sich für Fußball interessiert...«

»Den hab ich doch längst weggeschmissen!«, sagt Robin. »Solchen Müll heb ich doch nicht auf!«

»Na, weißt du!«, sagt Mama ärgerlich. »Vielleicht ist es mal ganz gut für dich, wenn du dich um ein Mädchen kümmern musst, das nicht immer vor Verzückung mit den Augen rollt, wenn das Wort *Pony* fällt! Und vielleicht schafft sie es ja sogar, dich für Fußball zu interessieren. Das würde Papa sehr freuen.«

»Nie im Leben!«, sagt Robin.

Eigentlich dürfen Eltern ihr Kind nicht zwingen, eine Freundin zu haben, die es gar nicht will.

»Du kannst ja ganz unfreundlich schreiben«, sagt Valeska. Frau Wagenbach hat gesagt, wo doch nun die Eltern alle einverstanden sind, sollen die Kinder heute ihren

44 *Kann doch jeder sein, wie er will*

Freunden an der Nordsee einen netten Einladungs-
brief schreiben. »Dann kommt die vielleicht nicht.
Wenn du *richtig* unfreundlich schreibst.«

»Kann ich ja versuchen«, sagt Robin ohne viel
Hoffnung.

»*Hi, Alex*«, steht schon auf ihrem Blatt. Aber mehr
weiß sie wirklich nicht.

»Wenn eine sich schon *Alex* nennt!«, sagt Robin.
»Echt wie ein Jungsname! Die könnte sich doch
Sandra nennen … Daran sieht man ja schon, die Alex
wär lieber ein Junge.« Und sie denkt, dass sie diese
Alex wirklich nicht bei sich zu Hause haben will. »Sie
soll in meinem Zimmer schlafen. Wir stellen das Gäs-
teklappbett rein. Von Freitag bis Sonntag. Mama findet das ganz toll.«

»Na super«, sagt Valeska. »Was willst du mit der
denn im Bett reden? Über Elektronik?«

»Gar nichts«, sagt Robin entschlossen und jetzt
nimmt sie die Füllerkappe wieder ab und schreibt
weiter.

»*Ich finde Fußball echt Scheiße. Und Elektronik
auch. Mehr weiß ich nicht. Robin.*«

»Na, wenn die danach noch kommen will!«, sagt
Valeska beeindruckt. »Noch unfreundlicher geht ja
gar nicht mehr.«

*

»Ich spinn doch nicht, ich mach das nicht!«, sagt Alex und starrt seinen Vater wütend an. »So einen Blöden besuchen! Und Fußball findet der Scheiße!«

»Nur deshalb willst du ihn nicht besuchen?«, ruft Papa. »Ja, tickst du denn nicht richtig? Du kannst doch nicht erwarten, dass die ganze Welt die gleichen Sachen gut findet wie du! Du fährst und damit basta!«

»Und schweineunfreundlich war der Brief auch!«, schreit Alex. »Ich fahr nicht zu dem, sag ich dir!«

»Unfreundlich?«, sagt Papa. »Na, das ist was anderes. Dann lass mich mal sehen.«

Alex zuckt die Achseln. »Den hab ich doch längst weggeschmissen!«, sagt er. »Du glaubst doch nicht, dass ich solchen Müll aufheb!«

Papa seufzt. »Ich glaube nicht, dass der Brief unfreundlich war. Ich glaube, das sagst du jetzt nur. Damit du nicht fahren musst. Aber wenn deine ganze Klasse fährt, fährst du auch.«

*

Leider hat der Zug ein bisschen Verspätung. Schon seit einer halben Stunde steht Robins Klasse am Bahnhof und wartet. Am Morgen haben sie in der Schule alle zusammen noch extra ein Transparent gemalt, darauf steht: *Herzlich willkommen!* Aber Robin hat nicht mitgemacht. Herzlich willkommen ist ihre Alexandra jedenfalls nicht.

»Sie kommen!«, schreit Patrick da plötzlich und wirklich, durch die Bahnhofshalle kommt eine Klasse auf sie zu. Bestimmt sehen die am Transparent, wo sie hin müssen. Und die Lehrerin ist ja außerdem Frau Wagenbachs alte Studienfreundin Susanne, da kennt sie natürlich Frau Wagenbach.

»Bist du auch so aufgeregt?«, flüstert Valeska und quetscht Robins Hand.

Robin nickt. Die Nordseemädchen sehen eigentlich alle ganz normal aus. Es gibt Blonde und Schwarzhaarige und Große und Kleine und Dicke und Dünne. Und keine sieht aus, als könnte sie so eine bescheuerte Alexandra sein.

Vielleicht wird es doch nicht so schlimm, denkt Robin. Vielleicht ist diese Alexandra doch nicht so blöde. Vielleicht schreibt sie nur so behämmerte Briefe. Also aussehen tut sie jedenfalls normal, egal, welche sie ist.

»Herzlich willkommen, liebe Klasse 4b!«, ruft Frau Wagenbach. »Jetzt ist der große Augenblick gekommen! Jetzt lernt ihr eure Brieffreunde kennen, und ich bin sicher, ihr werdet euch alle sehr gut verstehen. Jeanette und Gyde!«, und sie macht eine kurze Pause.

Jeanette kommt nach vorne und aus der Nordseegruppe kommt ein kleines, dünnes Mädchen und guckt ein bisschen ängstlich.

»Franca und Helene! Sabine und Tina! Claudia und Saskia!«

Die Mädchen sagen »Na?« und gucken verlegen und die Mütter nehmen die Reisetaschen. Dann gehen die Ersten schon los.

Viele sind gar nicht mehr übrig, denkt Robin. Die Rothaarige wäre am besten. Oder die Kleine mit den Spangen.

»Robin und Alex!«, sagt Frau Wagenbach.

Da geht Robin nach vorne.

*

Jetzt brech ich zusammen, denkt Alex und starrt Robin an, als wäre sie mindestens ein Alien. Dieser Robin ist ein Weib! Warum hat sie das denn bloß nicht geschrieben?

»Na?«, sagt Alex und starrt Robin an. »Du bist ein Mädchen.«

»Das weiß ich wohl selber«, sagt Robin und starrt wütend zurück. Dieser Alex ist ein Junge!

»Ach du meine Güte!«, sagt Frau Wagenbach. »Da ist uns wohl was schief gegangen! Bist du ein Junge?«

Aber die Frage ist so dumm, dass Alex gar nicht erst antwortet.

»Ich hatte mich damals gleich gewundert«, sagt Frau Löscher, »dass alles so wunderbar aufging! Genau gleich viele Jungen und Mädchen! Dabei hatten wir doch gesagt, dass du ein Mädchen mehr hast, Brigitte. Und ich einen Jungen.« Sie seufzt. »Aber als es dann so gut geklappt hat, hab ich gedacht, ich hab einfach was durcheinander gekriegt.«

»Und was machen wir nun?«, sagt Frau Wagenbach.

Da legt Mama Alex ihre Hand auf die Schulter. »Das kriegen wir schon geregelt!«, sagt sie freundlich. »Ich freu mich, dass du da bist. Und für drei Tage klappt das schon, was, Alex?«

Alex nickt. So eine Scheiße, denkt er. Jetzt muss ich auch noch zu einem Mädchen. Da müssten die Lehrer aber wirklich besser aufpassen.

*

Zu Hause hat Mama als Erstes das Klappbett aus Robins Zimmer ins Wohnzimmer getragen. Zum Glück hat sie nichts dazu gesagt. Das wäre ja auch wirklich peinlich gewesen. Und jetzt bereitet sie in der Küche das Abendbrot vor und Robin und Alex sollen sich ein bisschen unterhalten.

Aber Robin hat keine Ahnung, worüber. Mama versteht wirklich überhaupt nichts von Kindern. Man kann sich doch nicht einfach mit einem fremden Jun-

Kann doch jeder sein, wie er will **49**

gen unterhalten! Und wo Robin außerdem die ganze Zeit gedacht hat, er ist ein Mädchen!

Alex starrt immer nur auf ihren Teppich. Dann guckt er sie plötzlich an. »Scheiße, oder?«, sagt er. »Da haben die Lehrer die Schuld. Und dabei soll man immer denken, sie sind so intelligent.«

Robin nickt. »Und dabei wissen sie nicht mal den Unterschied zwischen einem Mädchen und einem Jungen!«, sagt sie. »Echt jetzt!«

Alex setzt sich auf die Kante von ihrem Schreibtisch. »Ich hab gedacht, du hast einen an der Waffel«, sagt er dann. »Pink und Ponys und Ballett! Da hab ich gedacht, was ist denn das für ein Typ!«

Robin kichert. »Ich fand dich auch bescheuert«, sagt sie. »Aber das hab ich nicht gedurft. Die haben ja alle gesagt …«

»Bei mir auch!«, schreit Alex. »Dass man keine Vorurteile haben soll. Und dass jeder die Hobbys haben kann, die er will.«

»Und dass Mädchen sich für Fußball interessieren dürfen«, sagt Robin. »Und für Elektronik. Genau.«

Alex guckt sie an. »Du kannst ja eigentlich nichts dafür, dass du ein Mädchen bist«, sagt er dann. »Irgendwie.«

Robin schüttelt den Kopf. »Nee, das ist Schicksal«, sagt sie. »Du kannst ja auch nichts dafür, dass du ein Junge bist.«

Dann fällt ihnen beiden nichts mehr ein.

Nach dem Abendbrot spielen sie mit Mama und Papa noch eine Runde Monopoly und Robin gewinnt haushoch. Aber Alex ist überhaupt gar nicht wütend.

»Na, morgen Abend Revanche«, sagt er und Robin denkt, dass er für einen Jungen eigentlich gar nicht so blöde ist. Und niedliche Haare hat er auch. Und er hat ihr sogar ein Gastgeschenk mitgebracht, das hat seine Mutter ausgesucht – einen Schlüsselanhänger von Bayern München.

»Ich dachte ja, du bist ein Junge«, sagt Alex, als Robin das Papier abwickelt. »Also, das tut mir jetzt Leid.«

»Och, ich finde das eigentlich gut«, sagt Robin und macht das Geschenk an ihrem Schlüsselbund fest.

Er hat wirklich irgendwie niedliche Haare. Und zwei Zentimeter größer als sie ist er auch. Obwohl so was ja eigentlich egal ist.

»Wenn du willst, geh ich morgen mit zum Fußball«, sagt Robin.

»Geil«, sagt Alex.

Um neun Uhr klingelt das Telefon und Frau Wagenbach möchte Robin sprechen. »Robin?«, sagt sie und ihre Stimme klingt beinahe unglücklich. »Ich möchte mich bei dir entschuldigen! Es tut mir sehr Leid, dass du ...«

»Ach, macht doch nichts«, sagt Robin. Mit Frau Wagenbach telefonieren ist peinlich. Sie will lieber schnell wieder ins Wohnzimmer zurück, da haben sie grade eine Runde Kniffel angefangen.

»Aber jetzt hab ich die Lösung!«, sagt Frau Wagenbach. »Meine Nachbarn haben einen Sohn und der würde sich freuen ... Ich hole den Alex gleich bei euch ab.«

»Was?«, sagt Robin erschrocken. Dann holt sie tief Luft. »Nee, vielleicht doch nicht«, sagt sie schnell. »Also, nicht gleich. Das passt jetzt nicht so.«

»Ja, ist es dir denn nicht lieber, wenn er geht?«, fragt Frau Wagenbach verblüfft.

Robin guckt ins Wohnzimmer, wo Alex gerade ganz vorsichtig den Becher von den Würfeln hebt.

»Machen Sie sich doch bitte unseretwegen keine Umstände«, sagt sie und das klingt fast, als wenn Mama spricht. »Wir kriegen das schon geregelt.«

Dann geht sie zurück ins Zimmer. Jungs mit grauen Augen sehen irgendwie richtig nordseemäßig aus.

Eine Woche nach dem Besuch kommt in der Schule ein Paket von der Nordsee an. Frau Wagenbach verteilt die

Briefe und Robin reißt gleich ihren Umschlag auf. Die Schrift ist eigentlich gar nicht so grässlich.

Na hallo, Robin!, steht da. *Es war echt cool bei euch. Du bist gar nicht so schlecht im Fußball. Aber du musst noch üben, bis ihr kommt. Ich hab mit einem Christian gesprochen, der hat einen Cousin, der kennt einen, der hat Ponys. Willst du da mal hin? Wenn du kommst, kannst du da vielleicht reiten. Aber Ballett gibt es nicht! Und glaub bloß nicht, ich zieh wegen dir was Pinkes an.*

Meine Mutter sagt, sie findet es gut, dass du ein Mädchen bist. Sie war selber auch mal eins. Wenn du mir was mitbringen willst, guck im Elektronikladen. Was Kleines aber nur. Ciao! Alex.

»Das ist echt ein voll langer Brief!«, sagt Valeska.

»Jetzt kennen wir uns ja«, sagt Robin. Sie hat gewusst, dass man an der Nordsee auf dem Deich reiten kann.

Mit der linken Hand sucht sie am Gürtel nach ihrem Schlüsselbund. Der Bayern-Anhänger ist immer noch dran.

Herbert Günther

Matthias steigt um

Eines Tages war es passiert: Matthias, der vorher nie ein Buch zu Ende gelesen hatte, war auf Seite 199 angekommen, und als er umblätterte, wünschte er sich auf einmal, dass die Geschichte nie aufhören würde. Als er alle 366 Seiten verschlungen hatte, fing er wieder von vorn an. Und als er fertig war, noch einmal.

Nach diesem Anlauf von 1098 Seiten ging er in die Bibliothek und holte sich andere Bücher. Manche las er zwei- oder dreimal, manche legte er schon nach zwei Seiten auf den Stapel zum Zurückbringen. Zu Weihnachten und zum Geburtstag ließ er sich Bücher schenken. Manche kaufte er auch von seinem Taschengeld und bald war vor Büchern die Tapete in seinem Zimmer nicht mehr zu sehen.

Matthias hatte das Lesen entdeckt. Er las, wann er nur konnte, und er las überall. Im Bett, im Bus, in der U-Bahn, beim Frühstück, beim Mittag- und beim Abendessen, auf dem Klo, auf dem Kastanienbaum im Garten, im Keller, auf dem Dachboden, im Frei- und im Hallenbad, und natürlich las er auch in der Eisenbahn, als er mit seinen Eltern in die Ferien ans Meer fuhr.

Vor ihm, auf dem kleinen Klapptisch am Fenster, lag ein Stapel Bücher. Eins hatte er gerade ausgelesen. Er legte es neben sich und sah zum Fenster hinaus in die vorbeifliegenden Wolken.

»Junge«, sagte Papa. »Wird dir nicht schwindlig?«

»Wovon?«, fragte Matthias.

»Na, von dem ganzen Geschichtenklimbim«, sagte Papa. »Höchste Zeit, dass du auch mal was Nutzbringendes liest.«

»Nun lass ihn doch«, sagte Mama.

Papa las niemals Geschichten. Nur Zeitungen und Magazine und Sachbücher, Tabellen und Statistiken. Wenn er abends nach Hause kam, arbeitete er oft noch bis in die Nacht hinein am Computer. Papa verdiente viel Geld. Im Zimmer vor seinem Büro saßen zwei Sekretärinnen. Frau Stichnot und Frau Rundwandel. Die passten auf, dass niemand unangemeldet einfach so zu Papa hineinkam. Papa hatte drei vornehme Anzüge mit feinen Streifen und manchmal musste er vor vielen Leuten Reden halten.

Papa nahm das oberste Buch vom Stapel, sah es kurz an und legte es wieder hin. »Olle Kamellen«,

Matthias steigt um 55

sagte er. Und: »Bücher lesen ist doch längst aus der Mode.«

»Alfred, nun lass ihn doch«, sagte Mama.

Der Zug lief in den Bahnhof von Hannover ein und hielt mit quietschenden Bremsen. Auf dem gegenüberliegenden Gleis kam ein Zug aus der anderen Richtung und hielt auch.

Matthias sah zum Fenster hinaus. Im Zug direkt gegenüber wurde das Fenster heruntergezogen. Und über dem Rand erschien – Eva-Lotte! Wirklich und tatsächlich Eva-Lotte! *Die* Eva-Lotte aus einem seiner Lieblingsbücher. Ohne Kalle Blomquist, den Meisterdetektiv, und ohne Anders. Eva-Lotte in ihrem rot karierten Baumwollkleid. Sie winkte aufgeregt herüber, als solle er sofort zu ihr kommen. Irgendetwas musste passiert sein!

Matthias sprang auf. Der Bücherstapel kippte um und die Bücher purzelten zu Boden.

»Pass doch auf!«, rief Papa.

»Junge, was ist denn?«, rief Mama.

Aber Matthias war schon nicht mehr da. Er flitzte hinaus, rannte den Gang entlang und sprang auf den Bahnsteig. Er lief und lief. Die Treppe hinunter und die nächste wieder hinauf. Gerade noch rechtzeitig stürzte er in den anderen Zug. Die Türen schlossen sich zischend. Der Zug ruckte an.

56 *Matthias steigt um*

Matthias war außer Atem. Er blieb im Gang stehen, lehnte sich gegen die Wand und sah zum Fenster hinaus. Der Zug fuhr mit hoher Geschwindigkeit. Häuser und Bäume flogen vorbei.

»Da bist du ja!«, rief Eva-Lotte. Sie kam ihm auf dem Gang entgegengerannt. »Gut, dass du da bist. Wir brauchen deine Hilfe!«

»Ist Onkel Einar wieder aufgetaucht?«, fragte Matthias. »Haben sie Kalle und Anders entführt?«

Eva-Lotte schüttelte den Kopf. »Wir werden alle entführt«, sagte sie. »Und keiner weiß wohin.«

Sie lief den Gang zurück und Matthias folgte ihr. Schließlich schob sie eine Abteiltür auf und rief: »Er ist da!«

Von innen hörte man Gemurmel. Dann kamen sie auf den Gang heraus, fünf Jungen – Matthias kannte sie alle.

Der mit der Pfeife, klar, das war Kalle Blomquist. Der Blonde neben ihm bestimmt Anders. Dann war da noch ein kleiner Schmächtiger in dunkelblauem Sonntagsanzug und Hochwasserhosen. Auch ein Detektiv. Es folgten zwei amerikanische Jungen mit großen Hüten. Der eine im Ringelhemd und mit Sommersprossen, der andere in Lumpen und mit einem grinsenden Gesicht, das anscheinend keine Seife kannte.

Sie umringten Matthias, sahen ihn neugierig an und redeten alle gleichzeitig auf ihn ein.

Matthias steigt um 57

»Lasst ihn doch erst mal lesen«, sagte Eva-Lotte,
»damit er Bescheid weiß.« Sie zeigte auf die Reservie-
rungskärtchen oben an der Abteiltür. Es waren drei.
Matthias las das erste.

Reserviert für: Eva-Lotte Lisander,
                  Kalle Blomquist,
                  Anders Bengtsson
Geburtsjahr: 1946
Mutter: Astrid Lindgren
Reise: von Schweden nach ???

Auf dem zweiten Kärtchen stand:

Reserviert für: Emil Tischbein
Geburtsjahr: 1928
Vater: Erich Kästner
Reise: von Berlin nach ???

Auf dem dritten Kärtchen stand:

Reserviert für: Tom Sawyer
                  und Huckleberry Finn
Geburtsjahr: 1876
Vater: Mark Twain
Reise: von Amerika
                  nach ???

»Mensch«, staunte Matthias. »Dass ihr schon so alt seid. Das hätte ich nicht gedacht.«

Plötzlich verstummten alle und sahen Matthias voller Enttäuschung an.

»Sag bloß, du findest auch, wir sind olle Kamellen«, sagte Tom Sawyer.

»Nein, nein!«, rief Matthias schnell. »Ich hab euch doch gern gelesen!«

»Guck uns an«, sagte Huckleberry Finn. »Sehen wir etwa alt aus? Emil ist noch nicht mal im Stimmbruch.«

»Und wenn schon«, sagte Kalle Blomquist. »Auch die alten Geschichten lesen sich spannend.« Er klopfte mit der Pfeife gegen das Glas der nächsten Abteiltür und rief: »Kommen Sie mal raus, Herr Crusoe!«

Die Tür wurde aufgeschoben, heraus kam ein bärtiger, langhaariger Mann. Er trug eine Jacke und eine Hose aus Ziegenfell, Fransen baumelten ihm um die Knie.

»Sind Sie der aus der ›Schatzinsel‹?«, fragte Matthias.

»Junge«, brummte der Mann. »Bring nicht alles durcheinander.« Er zeigte auf die Reservierungskarte am Abteil. Geschwätzig war er nicht gerade.

Matthias blinzelte zu dem Kärtchen hinauf. Da stand: *Reserviert für:* Robinson Crusoe. *Geburtsjahr:* 1720. Also war er 280 Jahre alt. Doch er sah aus wie

Papa auf den Fotos, als er Student war. Und er roch nach Wind und Meer und Abenteuer.

Hinter Robinsons breitem Rücken kam mit karottenroten Haaren, abstehenden Zöpfen, gelbem Kleid und großen Schuhen Pippi Langstrumpf hervor. Sie ging rückwärts den Gang hinunter und rief: »Er ist da! Es geht los! Es geht los!« Herr Nilsson, der Affe, sprang ihr von der Schulter, kletterte von Abteiltür zu Abteiltür, schob sie auf und da kamen sie alle heraus: Jim Knopf und Lukas der Lokomotivführer, Alice aus dem Wunderland, Winnetou, Ronja Räubertochter, Pu der Bär, das kleine Gespenst, die rote Zora, die fünf Freunde, Mary Poppins, Krabat, Dr. Doolittle und seine Tiere, Michel aus Lönneberga, Pinocchio, Mogli, der Wolfsmensch, der kleine Vampir, Nils Holgersson und die Wildgänse, Pünktchen und Anton, das Sams, Momo und viele, viele andere.

Sie machten einen unbeschreiblichen Lärm, redeten, bellten, brummten und pfiffen.

»Höchste Zeit, dass unsere Irrfahrt zu Ende geht«, rief Odysseus, der alte Grieche.

»Das möchte ich meinen«, sagte Mary Poppins, das vornehme englische Kindermädchen. »Jeden Abend das Geschnatter der Wildgänse. Das ist nichts für mich.«

»Meine Liebe«, sagte das kleine Gespenst. »Was soll ich sagen? Ich sitze

im Abteil mit dem Ritter Ivanhoe. Seine Rüstung quietscht und klappert. Da möchte man unsichtbar werden und einfach verschwinden. Was aber nicht geht, wenn man nicht an uns glaubt, wie Sie wissen.«

»Wir fordern mehr Phantasie!«, rief Alice. »Wo kommen wir hin, wenn es keine Phantasie mehr gibt?«

»Aufs Abstellgleis!«, unkten Max und Moritz. »Durch die Mühle ritze-ratze!«

Sie drängten durch den engen Gang, alle in eine Richtung.

»Wo gehen wir hin?«, fragte Matthias.

»Zum Wagen 199«, sagte Eva-Lotte. »Der Nutz soll uns freilassen. Und du musst uns helfen.«

Aber schon vor dem Wagen Nr. 198 wurden sie aufgehalten. Frau Stichnot und Frau Rundwandel standen in der halb geöffneten Tür und sahen ihnen mit strengem Blick entgegen.

»Herr Nutz hat zu tun«, sagte Frau Rundwandel.

»Niemand kommt ohne Anmeldung über diese Schwelle!«, sagte Frau Stichnot.

»Geben Sie den Weg frei, Señoritas!«, rief der spanische Ritter Don Quichotte. Doch vor Aufregung zog er nicht seinen Degen, sondern sein Taschentuch.

Frau Stichnot und Frau Rundwandel versuchten es mit den grimmigsten Blicken, doch sie konnten nicht verhindern, dass die ganze quirlige Schar der

Geschichtenfiguren, voraus die Tiere, Herr Nilsson der Affe, Dab-Dab die Ente, Göb-Göb das Schwein, lachend und lärmend in den Wagen Nr. 198 einfielen.

Frau Stichnot rannte durch den Raum, schob einen Schreibtisch vor die Tür zum Wagen Nr. 199, setzte sich darauf und sah drohend über die Brille.

Huckleberry Finn ging zu ihr hin. »Madam«, sagte er, »mein Freund Tom hier sagt, er weiß 'n Mittel gegen 'n bösen Blick. Um Mitternacht gebratne Fledermäuse und Schlehenwein von der Friedhofshecke. Sie sollten's mal probieren, meint Tom.«

Mit Entsetzen starrte Frau Stichnot auf das wilde Durcheinander. Es roch nach Tieren, nach Tabak, nach Dreck unter den Fingernägeln, es war ein Geplapper und Gelache, als drehe sich die ganze Welt hier in ihrem Büro. Frau Stichnot wusste nicht, was sie sich zuerst zuhalten sollte, die Ohren oder die Nase.

Frau Rundwandel bahnte sich einen Weg zu ihrem Schreibtisch, drückte auf den Knopf der Gegensprechanlage und rief mit zitternder Stimme: »Chef, Chef, was sollen wir machen? Die ganze Bande von Nichtsnutzen ist da! Und... und ein Junge. Der kommt mir bekannt vor.«

Die Antwort ließ auf sich warten. Alle waren auf einmal mucksmäuschenstill. Sie lauschten gespannt.

»Lassen Sie sie rein«, sagte eine tiefe Männerstimme am anderen Ende.

»Aber sie sind nicht angemeldet«, sagte Frau Rundwandel.

»Nun ja«, sagte die Stimme des Chefs. »Lassen Sie sie rein. Ausnahmsweise.«

Matthias kannte die Stimme genau. Auch wenn er sie nur am Wochenende und in den Ferien hörte. Er wunderte sich auch nicht, dass – nachdem Winnetou und Robinson Crusoe den Schreibtisch mit Frau Stichnot darauf zur Seite geräumt hatten und die Tür aufging – dass also im Wagen Nr. 199, umgeben von Telefonen, Faxgeräten und Monitoren, sein Vater saß. Er hatte seinen besten Anzug an und rutschte auf dem großen schwarzen Ledersessel ein wenig nach vorn, stützte die Ellenbogen auf die Schreibtischplatte und tippte, wie immer, wenn er nervös war, die Fingerkuppen beider Hände gegeneinander.

Das bunte Durcheinander der Buchfiguren drängte in das Büro des Vaters, mittendrin Matthias.

»Hier ist er!«, rief einer und schob Matthias nach vorn.

»Der Leser!«, rief ein anderer.

»Der Leser soll entscheiden!«

Aber sie redeten und riefen, quakten und brummten so vielstimmig und alle auf einmal, dass man am Ende kein Wort verstehen konnte.

»Ruhe!«, rief der Vater, räusperte sich und zupfte an seiner Krawatte. Dann sagte er: »Meine Damen und Herren! Warum diese Aufregung? Alles hat seine Ordnung. Sie befinden sich im Sonderzug WEISS NICHT WOHIN. Ich versichere, dass niemand Ihnen Böses tun will. Aber keiner weiß, wohin mit Ihnen. Lesen ist aus der Mode. Sie sind zu nichts nütze. Keiner kann Sie mehr gebrauchen ...«

»Stimmt ja gar nicht!«, rief Matthias laut und aufgeregt.

Alle Augen waren plötzlich auf ihn gerichtet. Er spürte, wie ihm das Blut in den Kopf stieg.

»So?«, sagte der Vater mit diesem bestimmten spöttischen Lächeln um die Lippen, das Matthias so hasste. »Dann sag mir doch mal, wozu dieser ganze Geschichtenkram gut sein soll?«

Matthias schwieg. Er überlegte. Er spürte die vielen erwartungsvollen Blicke der Buchfiguren. Er spürte den prüfenden Blick seines Vaters. Es schien ihm, als stehe er eine Ewigkeit so.

»Zum Lachen und zum Weinen«, sagte Matthias schließlich leise.

Der Vater schwieg. Er sah ihn mit offenem Mund an.

Ringsum erhob sich Gemurmel, das immer lauter wurde. »Bravo!«, rief jemand. Und einer brummte: »Das versteht sogar ein Bär mit kleinem Verstand!«

Doch bevor die Zustimmung laut werden konnte, rief der Vater: »Meine Damen und Herren! Alles schön und gut. Aber die Mehrheit will es anders ...« Das Gemurmel und Durcheinander übertönte die Stimme des Vaters.

»Wer nicht liest, soll nicht über das Lesen entscheiden!«, rief jemand.

Jetzt trat Winnetou vor den Schreibtisch des Vaters. Stolz sah er ihm in die Augen, dann erhob er seine Stimme. »Großer Nutz«, sagte er, »Winnetou will nicht länger in diesem blinkenden Stahlross reisen. Winnetou will auf seinem Rappen Iltschi in der Weite der Prärie der Spur der Büffel folgen.«

»Und ich muss dringend nach Phantasien!«, rief Bastian Balthasar Bux.

»Meine Freunde warten!«, rief Emil Tischbein. »Pony Hütchen und Gustav mit der Hupe. In Berlin gibt's wieder viel zu tun.«

»Wir wollen dahin, wo wir hingehören!«, riefen jetzt alle im Chor.

»Wenn das so einfach ginge«, sagte der Vater.

Aber natürlich geht das einfach, dachte Matthias auf einmal. Ich muss es mir nur vorstellen. Ich bin so frei. Ich muss in meinen Gedanken nur einmal umblättern, dann ist das Kapitel mit dem Nutz zu Ende.

»Freunde!«, rief Matthias und es fiel ihm gar nicht mehr schwer, vor allen zu reden. »Wir gehen einfach

weiter. In den Wagen 200. Und dann steigen wir aus.
Und jeder geht dahin, wo er hingehört.«

Großer Jubel brach aus. Lachend, brummend,
schnatternd und pfeifend drängten sie in den Wagen
200 vor. Lukas der Lokomotivführer brachte den
Sonderzug WEISS NICHT WOHIN schließlich mit
quietschenden Bremsen sicher im Bahnhof von Hannover zum Stehen (womit bewiesen war, dass man
von Geschichtenfiguren ganz nebenbei viel Nützli-
ches lernen kann).

Die Türen gingen auf. Die Buchfiguren stiegen aus.
Es waren so viele, dass Matthias sie gar nicht zählen
konnte. So viele Figuren, so viele Geschichten. Und
jedes Jahr kamen viele neue dazu. Man musste nur die
Richtigen finden.

»Auf nach Taka-Tuka-Land!«, rief Pippi. Sie lief
auf den Händen über den Bahnsteig. »Auf zu den
Kindern! Und vergesst die Erwachsenen nicht!«

Da liefen sie, Eva-Lotte, Kalle Blomquist, Anders,
Emil, Tom Sawyer, Huckleberry Finn, Robinson Crusoe und all die anderen. Sie drehten sich noch einmal
nach Matthias um, winkten ihm zu und dann ver-
schwanden sie im Getümmel.

Matthias ging über den Bahnsteig, die Treppe hinunter, die nächste wieder hinauf, und
kurz bevor er einstieg, hörte er im fer-
nen Getöse der Stadt einen langen,

gellenden, jubelnden Schrei. Es wird Frühling, dachte Matthias, obwohl doch Sommer war. Er lachte still in sich hinein.

Dann stieg er in den Zug, in dem er in Wirklichkeit saß und aus dem er in Wirklichkeit nie ausgestiegen war.

Er nahm die Bücher vom Boden auf und legte sie wieder zu einem Stapel auf den Klapptisch unter dem Fenster. Eins der beiden Harry-Potter-Bücher hatte eine Stoßecke. Egal, er würde es trotzdem lesen.

Der Zug auf dem gegenüberliegenden Gleis setzte sich langsam in Bewegung. Das Mädchen im rot karierten Kleid winkte noch einmal. Matthias winkte zurück. Er sah dem Zug hinterher, bis er verschwunden war.

Dann setzte er sich auf seinen Platz, entschied sich schließlich für das Buch mit dem schönsten Umschlag, schlug es auf und strich mit der Hand über die erste Seite. Was für ein wunderbares Kribbelgefühl, mit einem neuen Buch anzufangen, mit einer neuen Geschichte! Er merkte nicht, wie der Zug abfuhr, und er merkte auch nicht, dass er ab Seite fünf immer wieder leise lachte.

»Junge«, sagte Papa, der ihn eine Zeit lang beobachtet hatte. »Manchmal möchte ich wirklich wissen, was in dir vorgeht, wenn du liest.«

Matthias hob den Kopf. Papa sah aus, als würde er ein bisschen nachdenken. Vielleicht sollte er ihm mal ein paar von seinen ausgelesenen Büchern geben. Vielleicht würde Papa in den Ferien doch mal Geschichten lesen.

Dann könnten sie über ziemlich viel reden.

Jo Pestum

Der Indianer-Opa

An jedem Dienstagnachmittag besuchte Damian seinen Großvater. So hatten sie es abgemacht. Damian fuhr dann mit dem Bus bis zur Endhaltestelle. Von dort war es nicht weit bis zum Altenheim. Das war groß und hell und lag am Waldrand. Immer wartete Opa Georg schon in der Eingangshalle. »Howgh!«, rief er und hob die Hand, wenn Damian durch die Tür kam. »Howgh!«, grüßte auch Damian. Seit ein paar Wochen waren er und sein Großvater nämlich Indianer.

An einem Nebeltag hatten sie sich das ausgedacht. Da schob Damian den Rollstuhl durch den Park des Altenheims. Opa Georg konnte schon seit zwei Jahren nicht mehr laufen. Weil es kühl war, hatte er sich eine bunte Decke über die Beine gelegt. Er rauchte eine Zigarre.

Vielleicht waren es die Farben der Wolldecke, vielleicht waren es auch die Nebelschwaden, die zwi-

Der Indianer-Opa 69

schen den Bäumen quirlten und die Landschaft verzauberten. Jedenfalls hatte Damian plötzlich die Idee mit den Indianern.

»Mensch, Opa«, sagte er, »wenn das hier jetzt die Prärie wär und wir wären zwei Indianer! Auf ganz feurigen Mustangs würden wir reiten. Bestimmt wären wir sogar Häuptlinge.«

Der Großvater drehte sich ein wenig im Rollstuhl um und lächelte Damian zu. »Klar, wir *sind* Häuptlinge.« Er pustete Rauchkringel in die Luft. »Und ich rauche gerade die Friedenspfeife.« Dann gab er zu bedenken: »Indianerhäuptlinge müssen aber auch richtige Häuptlingsnamen haben.«

Das meinte Damian natürlich auch. Einen Augenblick überlegte er. »Du hast doch eine Brille mit ganz scharfen Gläsern«, sagte er. »Damit kannst du prima sehen. Stimmt's?«

»Ja«, bestätigte Opa Georg, »mit meiner Brille kann ich fast so scharf sehen wie ein Falke.«

»Dann weiß ich den passenden Indianernamen für dich!«, rief Damian begeistert. »Du heißt Häuptling Falkenauge. Aber wie soll ich mich denn nennen?«

Jetzt war der Großvater an der Reihe, einen guten Namen zu finden. »Du kannst doch schnell rennen. Ich glaube, der Name Schneller Pfeil wär nicht schlecht. Wie findest du das: Häuptling Schneller Pfeil?«

70 Der Indianer-Opa

Damian brauchte nicht lange nachzudenken. Der Name gefiel ihm, denn er war wirklich ein guter Läufer. Der zweitschnellste Sprinter in der Klasse. Die Frage nach den Namen war also geklärt. Aber was war mit den Abenteuern? Tapfere Indianerhäuptlinge müssen gefährliche Abenteuer erleben.

Häuptling Falkenauge drückte den Zigarrenstummel, der ja eigentlich eine Friedenspfeife war, am Reifen des Rollstuhls aus und warf ihn in den Abfallkorb am Wegrand. Dann zeigte er aufgeregt zur großen Wiese hinüber, die sich im Park ausdehnte. »Da! Schau nur! Ich sehe eine riesige Staubwolke in der Ferne. Sie kommt näher. Was mag das sein?«

Schneller Pfeil kniff die Augen zu Schlitzen zusammen und spähte nach Westen. Deutlich konnte er es sehen. »Büffel!«, rief er. »Eine gewaltige Herde. Sie brausen genau auf uns zu. Wir sind in Lebensgefahr! Nur unsere schnellen Pferde können uns noch retten.«

Los ging's in irrem Tempo. Ganz erschrocken guckten die alten Frauen und die alten Männer, die auf den Parkbänken saßen, als Opa Georg in seinem Rollstuhl um die Kurve gesaust kam, geschoben von dem schnellen Damian.

»Zu den Felsen müssen wir reiten«, erklärte Häuptling Falkenauge und wedelte aufgeregt mit den Armen. »Den Hügel hinauf! Hinter den großen Felsen sind wir in Sicherheit.«

Der Indianer-Opa 71

Damian schob mit aller Kraft. Zwischen ein paar Steinbrocken stand auf dem Wiesenhügel eine Marmorfigur, die stellte einen Engel mit einem Palmzweig dar. Hinter dieser Statue versteckten sich nun die beiden Indianer.

»Uff, wir haben es geschafft!« Häuptling Schneller Pfeil lachte erleichtert. »Das war aber in letzter Sekunde. Wie gut, dass wir so tolle Mustangs haben!«

Häuptling Falkenauge putzte mit dem Zipfel der bunten Wolldecke die Brillengläser. »Wir sind ja auch geritten wie die Teufel. Häuptlinge müssen nicht nur kühn sein, sondern auch kaltblütig. Wir haben genau das Richtige getan. Schau dir nur diese mächtigen Tiere an!«

Endlos groß schien die Herde zu sein, die nun an den beiden Häuptlingen vorbeidonnerte. Die Erde bebte. Laut schnaubten die Tiere. Manche stießen ein grollendes Gebrüll aus. Wie spitz die gefährlichen Hörner waren! Und wie die Büffel mit den Augen rollten! Lustig allerdings sahen die Büffelkälber aus, die ausgelassene Sprünge vollführten und fast wie Schafe blökten.

Lange schauten die Häuptlinge der Herde nach, bis sie in einer Staubwolke weit in der Ferne verschwand. Dann drehten die beiden noch einige Runden durch den Park und löffelten anschließend im Café des Altenheims

große Eisbecher aus. Erfrischend nach diesem spannenden Abenteuer!

Damian freute sich immer auf die Nachmittage mit seinem Großvater. Es machte Spaß, Indianergeschichten zu erfinden und sich aufregende Erlebnisse auszudenken. Opa Georg hatte viel Ahnung von Indianern. Er erklärte Damian die unterschiedlichen Lebensweisen der Prärie-Indianer, der Wald-Indianer und der Pueblo-Indianer. Er berichtete vom Kampf der Comanchen gegen die Bleichgesichter, die ihnen das Land stehlen wollten. Er erzählte auch die Geschichte vom Indianerjungen Büffelsohn und vom Indianermädchen Kleiner Stern, die in den Bergen nach der alten Regentrommel suchten, weil das Gras der Prärie verdorrte und die Menschen ihres Stammes beinahe verdursteten. So einen Indianer-Opa zu haben, das war spitze!

An einem Nachmittag schob Damian den Rollstuhl bis zum Waldrand hinauf. »Wir dringen jetzt in die tiefen Wälder ein«, sagte er, »da lauern viele Gefahren. Oder fürchtet sich Häuptling Falkenauge etwa?«

Da lachte der Häuptling. »Ein Indianer kennt keine Furcht. Außerdem bist du ja bei mir. Ich kann mich auf deine Hilfe verlassen und du kannst dich auf meine Hilfe verlassen. Wir sind doch Freunde, Blutsbrüder!«

Der Indianer-Opa 73

»Uff!«, sagte Häuptling Schneller Pfeil. »Der Häuptling Falkenauge hat wahre Worte gesprochen. Wir sind Blutsbrüder.«

Und in große Gefahr gerieten die Häuptlinge an diesem Nachmittag schon bald. Sie hatten Hirsche beobachtet und Waschbären, scheue Truthähne und Klapperschlangen. Da plötzlich brach ein riesiger Grizzlybär aus dem Unterholz hervor. Schneller Pfeil griff nach seinem Messer, Falkenauge spannte den Bogen.

»Sollen wir flüchten?«, flüsterte Häuptling Schneller Pfeil. »Oder sollen wir mit dem Grizzly kämpfen?«

»Abwarten!«, gab Falkenauge leise zurück. »Vielleicht hat der Bär uns noch nicht gewittert. Wir wollen ihn nur im Notfall töten, denn wir sind die Freunde aller Tiere.«

Genauso sah Schneller Pfeil die Sache. Er hielt den Atem an, als der Bär sich grummelnd näherte. Nur keine Bewegung! Anscheinend war der Grizzly auf der Suche nach den Waben der Honigbienen, denn er schnupperte an den Baumstämmen herum.

Falkenauge wisperte: »Bären haben einen äußerst feinen Geruchssinn, aber sehen können sie nicht besonders gut. Da, der Bär trottet zum Fluss hinunter. Er hat uns nicht entdeckt.«

Häuptling Schneller Pfeil schob sein Messer zurück in den Gürtel aus

Schlangenhaut, wo auch der Tomahawk steckte. »Da hat der Bär aber viel Glück gehabt«, sagte er.

Herrlich fand Damian diese Stunden, wenn er zusammen mit dem Indianer-Opa die Jagdgründe durchstreifte und seine Indianerträume träumte. Die zwei Häuptlinge beobachteten die Geier, die unter den Wolken kreisten und nach Beute Ausschau hielten. Sie begegneten auf ihren Streifzügen Präriehunden, Kojoten und Elchen. Nachts hörten sie die Wölfe heulen. Mit ihrem Kanu paddelten sie den reißenden Fluss abwärts und fürchteten sich nicht vor den Stromschnellen.

Einmal, als sie hoch in den Bergen kletterten, wurden sie von einem Puma bedroht. Der stand lauernd über ihnen auf einer Felsplatte, setzte schon zum Sprung an und fauchte wild. Doch als die kühnen Häuptlinge ihre Kriegsschreie ausstießen, zog er sich in seine Höhle zurück.

An einem anderen Dienstagnachmittag schlug Häuptling Schneller Pfeil vor: »Heute fangen wir mal Lachse, ja? Indianer sind sehr geschickte Fischer.«

Häuptling Falkenauge hatte auch Lust aufs Lachsfischen. Er erklärte: »Wir stellen uns in den Fluss und warten geduldig. Wenn wir dann Lachse sehen, stoßen wir blitzschnell mit unseren Speeren zu.«

»Aber für jeden Häuptling gibt es nur einen einzigen Lachs. Wir Indianer erlegen nur die Tiere, die wir unbedingt zum Essen brauchen. An einem fetten Lachs kann man sich knubbeldickesatt essen.«

»Schneller Pfeil hat wieder einmal wahre Worte gesprochen«, sagte Falkenauge.

Damian schob den Rollstuhl zur Mitte des großen Parks. Opa Georg hatte sich die bunte Decke hochgezogen bis zum Kinn. Einen Springbrunnen gab es hier mit einem kleinen Teich. Enten schnatterten und balgten sich um die Brotbrocken, die ein paar Heimbewohnerinnen ihnen zuwarfen. Dass auch andere Leute am Wasser waren, störte die beiden Häuptlinge nicht. Sie träumten: Dieser Teich ist jetzt ein schäumender Fluss und wir stehen bis zu den Knien im eiskalten Wasser und halten unsere Speere bereit.

»Ich spüre es«, sagte Falkenauge nach einer Weile, »die Lachse kommen. Mein Bruder möge bereit sein!«

Häuptling Schneller Pfeil war natürlich bereit. Als die ersten Fische mit heftigem Schwanzschlag über die Flusssteine sprangen, stieß er zielsicher zu. Was für eine Beute! Auch der Lachsfischer Falkenauge hatte Erfolg.

»Jetzt reiten wir zum Wald und braten unsere leckeren Fische in der Glut des Lagerfeuers«, schlug Schneller Pfeil vor.

Doch da antwortete Häuptling Falkenauge mit seltsam schwacher Stim-

76 *Der Indianer-Opa*

me: »Nein, das wäre ein bisschen zu viel für heute.
Bring mich bitte zurück zu meinem Wigwam. Ich bin
sehr müde. Die Lachse verspeisen wir beim nächsten
Mal. Der alte Häuptling Falkenauge hat nicht mehr
so viel Kraft, musst du wissen.«

Auf dem Rückweg sprachen die beiden kein einziges Wort. Der Großvater war erschöpft, das merkte
Damian. In der Eingangshalle lächelte eine Pflegerin
in pinkfarbenem Kleid Damian freundlich an. Dann
lenkte sie den Rollstuhl zum Aufzug. Opa Georgs
Zimmer lag im oberen Stockwerk. Die beiden Häuptlinge verabschiedeten sich mit ihrem Indianergruß.
Mit klopfendem Herzen und beinahe hastig verließ
Damian das Altenheim.

Eine lange Woche musste er warten. Und dann kam
der Dienstag, an dem sich alles änderte.

Die Mutter sagte: »Du kannst den Opa heute nicht
besuchen, Damian. Es geht ihm nicht gut. Wir haben
gestern einen Anruf vom Altenheim bekommen.«

Damian erschrak. Doch dann dachte er: Bestimmt
geht es ihm heute schon wieder besser. »Ich fahr
auf jeden Fall hin«, erklärte er trotzig. »Er wartet
doch auf mich. Ich brauche ja nicht so lange zu bleiben.«

Der Bus hatte Verspätung. Daher rannte Damian
schnell von der Endhaltestelle zum Altenheim. Völlig

Der Indianer-Opa 77

außer Atem sprang er die Stufen zur Eingangshalle hinauf.

Kein Rollstuhl! Kein Opa Georg!

Schwester Gerburgis saß hinter dem Empfangsschalter und blätterte in einer Zeitschrift.

»Mein Opa?«, rief Damian. »Wo ist er?«

Schwester Gerburgis stand vom Stuhl auf. »Du kannst ihn heute nicht spazieren fahren«, sagte sie. »Dein Großvater ist sehr, sehr krank. Der Arzt ist gerade bei ihm.«

»Aber ich kann doch warten, bis der Doktor weg ist. Dann besuche ich den Opa in seinem Zimmer und ...«

Die Schwester unterbrach Damian. »Du bist doch schon ein großer Junge, Damian. Dein Großvater ist ein alter Mann. Du kannst nicht zu ihm. Das musst du verstehen.«

»Doch, ich kann wohl zu ihm!« Damian ballte die Fäuste und schrie: »Wir sind verabredet, weil heute nämlich Dienstag ist! Er wartet auf mich.«

Schwester Gerburgis strich Damian über den Kopf und sagte leise: »Es geht wirklich nicht. Hier habe ich aber eine Nachricht für dich.« Sie zog einen Zettel aus ihrer Schürzentasche. »Ich hab's gestern aufgeschrieben, was dein Großvater dir ausrichten lässt. Soll ich es dir vorlesen?«

Damian nickte stumm.

78 *Der Indianer-Opa*

Schwester Gerburgis griff nach ihrer Brille und las vor, was auf dem Zettel stand: »Lieber Blutsbruder, du musst jetzt allein durch die Prärie reiten, weil ich nicht mehr mit dir kommen kann. Ich habe eine weite Reise vor mir. Mein Kanu ist aber ganz klein, da ist kein Platz für zwei Häuptlinge. Das musst du verstehen. Leb wohl, Schneller Pfeil!«

Damian fühlte sich wie in einem Traum. Wortlos drehte er sich um und verließ das Altenheim. Erst als er langsam zurück zur Bushaltestelle ging, verstand er so richtig, was die Nachricht seines Indianer-Opas bedeutete. Da wurde ihm ganz kalt und er spürte, wie sein Gesicht nass wurde von den Tränen.

Natürlich wusste Damian, dass Indianer niemals weinen, aber er war ja jetzt kein Häuptling mehr.

Christian Bieniek

Filmstar und Burgfräulein

Meine Eltern machen mich wahnsinnig!

»Noch ein Käsebrot, Sebastian?«

Ich stoße einen Seufzer aus. »Willst du, dass ich platze, Mutti? Das würde bestimmt ziemlich ekelhaft aussehen.«

»Oder hättest du lieber ein Ei?«

»Nein danke!«, ächze ich. »Hier passt nichts mehr rein!« Ich zeige auf meinen Bauch. Er ist so voll, dass ich mich kaum noch rühren kann.

Seit drei Stunden sitzen wir jetzt in der Bahn. Und seit drei Stunden werde ich fast ununterbrochen gefüttert. Mutter hat so viel Verpflegung mit, als würden wir eine Reise zum Mond machen. Dabei fahren wir nur nach Ludershausen, einem winzigen Ort im Schwarzwald, in dem wir unsere Sommerferien verbringen werden.

Drei Wochen ohne Jana …

80 *Filmstar und Burgfräulein*

»Guck mal, Sebastian!« Mein Vater zeigt aus dem Fenster. »Diese beiden Burgen gehörten zwei Brüdern, die miteinander verfeindet waren. Möchtest du wissen, wie ihr Streit ausgegangen ist?«

»Ich möchte lieber schlafen«, antworte ich gähnend. »Gute Nacht!«

Ich lehne mich zurück und schließe die Augen. Vater redet weiter, aber ich höre nicht mehr zu. Jedes Mal, wenn wir den Rhein entlangfahren, nervt er mich mit diesem Ritterquatsch. Er weiß über jede Burg und jede Ruine genau Bescheid. Warum erzählt er diese endlosen Geschichten nicht jemandem, der sie noch nie gehört hat? Zum Beispiel der netten Schaffnerin. Oder dem Feuerlöscher draußen im Gang.

Die Schaffnerin hat einen langen, blonden Zopf, genau wie Jana.

Jana ... Immer wieder muss ich an sie denken. Wie seltsam sie mich angeguckt hat, als wir uns vorgestern nach der letzten Stunde verabschiedet haben! Ob sie auch ein bisschen traurig darüber ist, dass wir uns erst in einer halben Ewigkeit wieder sehen?

Nein, ich bin nicht in sie verliebt. Nicht richtig jedenfalls. Ich hab ihr noch nie einen Liebesbrief geschrieben. Oder sie geküsst. Aber ich bin unheimlich gerne mit ihr zusammen. Wenn sie mich anlächelt, verwandelt sich mein Magen in einen Aufzug. Er

Filmstar und Burgfräulein **81**

saust hinunter zu meinen Füßen und rast dann wieder hinauf. Davon wird mir ganz schön übel. Sollte mich Jana eines Tages zehnmal hintereinander anlächeln, brauche ich bestimmt eine Kotztüte.

Es gibt nur eins, was mich an ihr stört: Sie mag Georg, den größten Angeber in unserer Klasse. Wenn er von seinem Pony und seinen zwei Dalmatinern erzählt, bekommt Jana leuchtende Augen. Mist, dass ich nicht auch so reich bin wie Georg! Statt auf einem Pony reite ich auf einem verrosteten Fahrrad. Und mein einziges Haustier ist eine blöde Mücke. Die zapft mich Nacht für Nacht mit ihrem Strohhalm an. Kann sich dieser Vampir nicht mal woanders seine Blutspende abholen?

Ich überlege, was ich auf die Postkarte schreiben soll, die ich Jana aus Ludershausen schicken werde. Dass ich sie vermisse? Dass sie in ihrem neuen blauen Kleid wie ein Filmstar aussieht? Dass ich sie gerne öfter nachmittags treffen würde?

Nein, das ist alles zu peinlich. Am besten schreibe ich nur: *Viele Grüße – Sebastian.* Oder: *Viele liebe Grüße – dein Sebastian.* Hm, vielleicht sollte ich das Wort *liebe* doch besser vermeiden. Sonst bildet sich Jana noch ein, ich wäre in sie verknallt. Das bin ich aber nicht.

Oder doch?!?

Vom Rattern der Räder und Vaters

82 Filmstar und Burgfräulein

Geschichte werde ich immer müder. Auf einmal sitze ich nicht mehr in unserem Abteil, sondern auf einem Schimmel, der über ein Stoppelfeld galoppiert. Und ich trage kein gelbes T-Shirt mit roten Erdbeerflecken, sondern eine schwarze Rüstung.

Vor mir taucht eine mächtige Burg auf. Ich reite geradewegs auf sie zu. Hoch oben auf der Mauerbrüstung steht Jana und winkt.

Vor dem geschlossenen Tor bringe ich den Schimmel zum Stehen.

»Komm herauf, edler Ritter!«, ruft Jana.

»Wie denn?«, rufe ich zurück. »Das Tor ist ja zu.«

»Na und? Kannst du nicht klettern?«

Sie lässt ihren blonden Zopf herunter. Meine Güte, der dürfte mindestens zehn Meter lang sein!

Ich steige vom Pferd. Meine Rüstung müsste mal geölt werden. Bei jeder Bewegung quietscht sie wie verrückt.

»Worauf wartest du?«, ertönt Janas Stimme.

Zögernd greife ich nach dem Zopf und sehe zu Jana empor. Irgendwie komme ich mir vor wie in der Turnhalle, wenn wir die Seile hochklettern sollen. Das schaffe ich auch nie, obwohl ich dabei nur leichte Turnklamotten trage und nicht diese grausam schwere Rüstung.

»Willst du einen Schokoriegel?«

Was soll denn jetzt diese dumme Frage?

»Ja oder nein?« Jemand rüttelt mich am Arm. »Willst du einen Riegel?«

Ich öffne die Augen. Mutter lässt meinen Arm los und hält mir einen Schokoriegel vor die Nase. Ich drehe meinen Kopf in die andere Richtung – und genau in diesem Moment geht Jana an unserem Abteil vorbei.

Das kann ja wohl nicht wahr sein!

Mutter fängt wieder mit dem Riegel an, während Vater auf die nächste Burg zeigt und ganz tief Luft holt, um eine neue Rittergeschichte loszuwerden.

Mir fällt der Traum mit dem Zopf ein. Ja, genau: Das muss noch im Traum passiert sein. Jana draußen im Gang? Unmöglich! Die ist doch bestimmt wieder mit ihren Eltern nach Italien geflogen, so wie jeden Sommer.

Weil ich weder Hunger auf Riegel noch Lust auf Vaters Erzählungen habe, stehe ich auf und mache mich auf den Weg zur Toilette.

Doch dort komme ich nicht an. Denn nur zwei Abteile weiter bleibe ich stehen und reiße die Augen auf.

Jana!

Sie sitzt am Fenster und liest in einem Buch. Kein Zweifel: Das ist sie tatsächlich! Mein Herz galoppiert schneller als der Schimmel. Wenn sie mich jetzt anlächelt, falle ich vor Aufregung garantiert in Ohn-

84 *Filmstar und Burgfräulein*

macht. Soll ich mich lieber wieder auf meinen Platz schleichen?

Aber da hat mich Jana auch schon entdeckt. Prompt klappt sie das Buch zu, rutscht vom Sitz und kommt aus dem Abteil.

»Sebastian!« Sie strahlt mich an. »Was machst du denn hier?«

Mein Magen plumpst auf meine Schuhe und saust dann wieder zurück. Dieses Lächeln!

»Ich – äh – ich – äh«, stammle ich, bevor ich mich zu einem vernünftigen Satz durchringen kann. »Wieso hab ich dich vorhin auf dem Bahnhof nicht gesehen?«

»Weil wir erst in letzter Sekunde eingestiegen sind. Beinahe hätten wir den Zug verpasst.« Sie pustet sich den Pony aus der Stirn. »Weißt du, wo Georg hingefahren ist?«

Mir doch egal, wo dieser Angeber Urlaub macht!

»Nach Italien. Da haben seine Eltern eine riesige Villa am Meer gemietet«, schwärmt Jana und bekommt dabei wieder diese leuchtenden Augen.

»Ich fahr auch nach Italien«, behaupte ich. »Aber nicht zum Faulenzen, sondern zum Arbeiten.«

»Wirklich?«

»Ja. Ich drehe einen Film, in dem ich einen schwarzen Ritter spiele.«

Moment mal – was rede ich denn da?

Filmstar und Burgfräulein 85

»Du spielst in einem Film mit?« Jana macht ein ver-
dattertes Gesicht. »Das wusste ich ja noch gar nicht.«

Ich auch nicht.

Jana will alles über den Film wissen. Ich spinne mir
irgendeine Geschichte zusammen, von der sie richtig beeindruckt ist. Gleichzeitig ärgere ich mich über
meine Schwindeleien. Was erzähle ich denn da für
einen Mist?

»Das finde ich ja super!«, ruft Jana total begeistert.
»Aber trotzdem schade, dass du nicht in den Schwarzwald fährst. Kennst du Ludershausen? Das ist bestimmt ein langweiliges Nest. Wenn du auch dorthin
gefahren wärst, hätten wir 'ne Menge Spaß haben können.«

Ludershausen?!?

Ich bin so baff, dass ich kein Wort rauskriege.

»Was ist los, Sebastian? Du bist auf einmal so blass?
Ist dir schlecht?«

Ich nicke, drehe mich wortlos um, schlurfe zurück
in unser Abteil und lasse mich auf meinen Sitz fallen.
Zum Glück haben sich meine Eltern in Zeitschriften
vertieft und lassen mich in Ruhe.

Was bin ich doch für ein Blödmann! Filmstar in Italien – so 'n Quatsch! Wenn mich Jana in Ludershausen aus dem Zug steigen sieht, bin ich
für sie gestorben. Dann weiß sie nämlich, dass ich sie angelogen habe.

86 *Filmstar und Burgfräulein*

Da hilft nur eins: Ich muss ihr vorher noch die Wahrheit sagen. Aber wie soll ich nur den Mut dazu aufbringen?

Seufzend schaue ich aus dem Fenster. Wir fahren immer noch am Rhein entlang. Eine Burg nach der anderen taucht auf, doch Vater beschäftigt sich jetzt lieber mit seinem Kreuzworträtsel.

Da kommt mir eine Idee. Soll ich Jana einen Brief schreiben? Dann könnte ich mir das Stottern und das Rotwerden ersparen.

Ich hole meinen Zeichenblock aus dem Rucksack und schnappe mir einen Kuli.

LIEBE JANA!

Die ersten beiden Wörter sind ziemlich einfach. Die nächsten wollen mir jedoch beim besten Willen nicht einfallen, so sehr ich mir auch den Kopf zerbreche. Ich kann doch nicht einfach drauflosschreiben.

Hm, wieso eigentlich nicht?

Ich atme tief durch und lasse den Kuli über das Blatt rasen. Erst erkläre ich Jana, wie eifersüchtig ich auf Georg bin. Nur darum hätte ich diesen Filmblödsinn erfunden. Dann erzähle ich, dass ich auch nach Ludershausen fahre und mich irrsinnig darauf freue, die nächsten drei Wochen mit ihr zu verbringen. Und am Schluss gestehe ich Jana, dass ich sie für das netteste Mädchen auf der ganzen Schule halte.

Ich lese alles noch einmal durch. Nein, dieser Brief

gehört nicht in Janas Finger, sondern in den Mülleimer! Wenn sie das liest, bekommt sie garantiert einen Lachanfall. Aber was soll ich ihr sonst schreiben?

Die blonde Schaffnerin geht gerade an unserem Abteil vorbei und nickt mir freundlich zu. Kurz entschlossen springe ich vom Sitz auf, reiße das voll geschriebene Blatt vom Malblock und falte es zusammmen. Dann öffne ich die Abteiltür und rufe: »Einen Moment, bitte!«

Die Schaffnerin dreht sich um. »Ja?«

»Könnten Sie – äh – könnten Sie vielleicht das hier –«

Sie nimmt mir den Brief aus der Hand.

»Drei Abteile weiter sitzt ein Mädchen mit einem langen, blonden Zopf und – äh –«

»Wird erledigt«, sagt die Schaffnerin. »Sie freut sich bestimmt darüber. Oder steht was Schlimmes drin?«

Ich schüttle den Kopf, worauf mir die Schaffnerin den Rücken zukehrt und weitergeht.

In unserem Abteil will mein Vater sofort wissen, was ich da geschrieben habe.

»Nichts Besonderes«, behaupte ich.

Er fragt weiter, aber ich kann jetzt nicht antworten. Wie auf heißen Kohlen hocke ich da, knete nervös meine Finger und stelle mir vor, wie Jana gerade den Brief

88 Filmstar und Burgfräulein

liest. Ob sie ihn anschließend in tausend Fetzen zerreißt und aus dem Fenster wirft? Gespannt schaue ich hinaus, und das minutenlang, sehe aber kein Konfetti durch die Luft wehen.

Plötzlich steht die Schaffnerin in unserem Abteil.

»Auftrag erledigt«, sagt sie. »Und hier kommt die Antwort.«

»Wo?« In den Händen der Schaffnerin kann ich nichts entdecken. »Was für 'ne Antwort?«

Da beugt sich die Schaffnerin blitzschnell zu mir hinunter und küsst mich auf die Backe.

Meine Eltern reißen total verblüfft die Augen auf. Ich spüre, dass ich knallrot werde.

»Was war denn das?«, fragt Vater.

»Ein Kuss«, erklärt die Schaffnerin. »Aber der war nicht von mir.« Lächelnd zwinkert sie mir zu und verlässt unser Abteil.

»Nicht von ihr?« Meine Mutter durchbohrt mich mit einem neugierigen Blick. »Von wem war er denn dann, Sebastian?«

»Von – äh – von dem blonden Burgfräulein, das mir eben im Traum erschienen ist.«

Und das war nicht mal gelogen.

Monika Feth

Die Katze

Sie war mager und struppig. Ihre Augen waren verschmiert. Vom linken Ohr fehlte ihr ein Stück. Ihre Vorderbeine waren, wie die Linien eines O, leicht nach außen gebogen. Die Hüftgelenksknochen traten spitz hervor. Das Fell war verfilzt. Sie nieste und schwankte dabei ein wenig.

»Die ist am Ende«, sagte Malte. »Aber total.« Er schnalzte mit der Zunge. »Wenn die den Herbst noch überlebt, dann hat sie Glück gehabt.«

Die Katze war noch nicht alt. Drei Monate, schätzte Linda. Und sie schien nirgendwohin zu gehören. Eine Streunerin, das erkannte man auf den ersten Blick. Jetzt sah sie Linda an und gab einen Ton von sich. Kein Miauen. Einen Ton eben. Ein Tönchen. Mit so einem Vogelstimmchen. Kaum hörbar.

Unwillkürlich streckte Linda die Hand aus.

90 *Die Katze*

»Mann«, sagte Malte. »Fass die bloß nicht an. Da holst du dir die Krätze. Mindestens.«

Benno und Maren hatten ungeduldig dabeigestanden.

»Kommt endlich«, sagte Benno. »Wir verpassen ja den halben Film.«

Maren hakte sich bei Linda ein und zog sie mit sich fort.

Beim Geräusch ihrer Schritte duckte sich die Katze unter einen Strauch, als erwartete sie einen Fußtritt. Oder einen Schlag. Sie blinzelte zu ihnen hoch. Halb blind. Die Augen fast zugeschwollen.

Linda war nicht oft im Pfarrzentrum. Eigentlich nur, wenn ein besonders toller Film gezeigt wurde. *Titanic* sah sie inzwischen zum dritten Mal. Zum dritten Mal Leonardo DiCaprio. Sein Lächeln. Seinen Trotz. Seinen Stolz. Seinen Mut. Und er war hinreißend schön. Wie jedes Mal.

Neben Linda schniefte Maren in ihr viertes oder fünftes Taschentuch. Gleich würde sie wieder völlig verheulte Augen und eine rote Nase haben. Aber das war Maren egal. Sie hatte längst beschlossen, Leonardo zu heiraten oder in ein Kloster zu gehen.

Das Schiff sank. Panik brach aus. Die Menschen rannten schreiend hin und her. Aber Linda war nicht bei der Sache wie sonst. In ihrem Ohr klang ein Vogelstimmchen nach. Und Maltes Satz: »Wenn die den Herbst noch überlebt, dann hat sie Glück gehabt.«

Das Licht flackerte auf. Stühle wurden gerückt. Ein Raunen, das allmählich lauter wurde, bis man die ersten Worte unterscheiden konnte, das erste Lachen hörte. Nach diesem Film waren die Leute immer eine Weile wie betäubt. Das Entsetzen lag greifbar in der Luft. Und manche lachten nur, um das Entsetzen zu verscheuchen.

Am Kiosk holten sie sich noch Pommes und Cola und schlenderten dann langsam nach Hause. Bei der Holzbrücke suchte Lindas Blick unwillkürlich das Gestrüpp ab. Hier hatte die Katze gelegen. War mühsam aufgestanden. Hatte sich krumm und schief bewegt. Hier hatte sie sich geduckt. Ängstlich. Und Linda angeschaut. Mit einem Blick, den Linda nie vergessen würde.

Am nächsten Morgen machte Linda auf dem Schulweg einen Schlenker an der Brücke vorbei. Sie hatte am Abend das Thema vorsichtig auf eine Katze gebracht, doch die Mutter hatte sich rigoros gesperrt. Sie wollte keine Haustiere.

»Aber eine Katze siehst du doch kaum«, hatte Linda gesagt. »Sie bellt nicht, stinkt nicht, macht nicht viel

Arbeit. Ich würde mich um sie kümmern. Du müsstest keinen Finger rühren. Ehrenwort!«

Keine Haustiere! Basta! Die Wohnung wäre zu klein, hatte die Mutter gesagt. Sie wolle kein Katzenklo im Bad stehen haben. Und überall Katzenhaare! Auf den Sesseln. Auf den Teppichen. Womöglich noch auf den Kopfkissen. Und hatten nicht alle Katzen Flöhe? Außerdem habe der Vermieter das Halten von Haustieren verboten.

Dabei durfte ein Vermieter Katzen gar nicht verbieten. Das hatte Linda erst neulich in der Zeitung gelesen. Aber sie hatte keine Gelegenheit mehr gehabt, das anzubringen.

»Schluss jetzt, Linda«, hatte die Mutter gesagt und sich wieder über ihr Buch gebeugt. Ihr sauberes Buch. Ohne Katzenhaare und ohne Flöhe.

Im Bett später hatte Linda noch Musik gehört. Und die Katze vor sich gesehen. Das kleine spitze Gesicht. Das ausgemergelte Körperchen. Nur Haut und Knochen. Und sie hatte gespürt, dass etwas mit ihr geschehen war, gegen das sie sich nicht wehren konnte.

Und nun dieser feuchte Nebel. Kälte. Ein schneidender Wind. Die Katze war nicht da. Oder hatte sich versteckt. Wie lockte man eine Katze an? Welche Geräusche machte man dabei?

»Katze!«, rief Linda leise.

Wieso hatte sie geglaubt, die Katze hier wieder zu

finden? Wer sagte ihr denn, dass sie sich häufiger an diesem Ort aufhielt? Es konnte doch ein Zufall gewesen sein.

Waren die Blätter der Bäume nicht schon ein wenig trocken geworden? *Wenn die den Herbst noch überlebt ...* Es lag tatsächlich schon viel Laub auf dem Boden ... *dann hat sie Glück gehabt.* Nasses, lappiges Laub. Mitte September. Viel Zeit blieb nicht mehr.

In der Schule konnte Linda sich nicht konzentrieren. Handelte sich einen Strich in Mathe ein und eine Strafarbeit in Englisch. Doch dann war der Schultag zu Ende. Und wieder machte Linda den Umweg über die Brücke.

»Katze!«

Sie bückte sich. Schob Zweige auseinander. Einer ratschte ihr durchs Gesicht. Hinterließ eine brennende Spur auf der Haut.

Ein leises Miauen. Und dann stand die Katze vor ihr. Sah sie an. Vorsichtiger Abstand. Nicht zu nah, bloß nicht zu nah. Bis jetzt schien die Katze noch keinen Menschen kennen gelernt zu haben, dem sie trauen konnte.

Linda hatte ihr Pausenbrot aufbewahrt. Sie kramte es aus der Tasche. Zog den Käse zwischen den Brotscheiben hervor. Ging in die Hocke. Brach ein Stück Käse

94 Die Katze

ab. Hielt es der Katze hin. Nein, das war zu nah. Viel zu nah. Erschrocken wich die Katze zurück.

Linda warf ihr das Käsestückchen zu. Die Katze schleppte es ins Gebüsch wie eine erlegte Maus. Fraß gierig, schlang, schnaufte dabei wie ein übergewichtiger Dackel.

»Ihre Nase ist verstopft«, sagte Malte hinter Linda.

Linda zuckte zusammen. Sie hatte ihn nicht kommen hören. Jetzt kam sie sich albern vor. Fettverschmierte Finger, den Käse in der Hand und voller blödsinniger Zärtlichkeit für eine fremde, heruntergekommene Katze. Und das vor Malte mit seinen lockeren Sprüchen!

Malte verkniff sich jeden Kommentar und stellte sein Rad ab.

Linda konnte den Käse schlecht verschwinden lassen. Sie wollte es auch gar nicht. Sie warf den Kopf zurück und brach ein weiteres Stück Käse ab.

Die Katze schleppte die Stücke immer weniger weit weg. Vielleicht hatte sie nicht mehr die Kraft dazu. Schließlich holte sie sich den Käse sogar direkt aus Lindas Hand.

»Ich darf sie nicht mit nach Hause nehmen«, sagte Linda. »Meine Mutter will nicht mal eine gesunde Katze. Stell dir vor, ich komme mit so einer an.« Sie sah zu Malte hoch. Seine Familie lebte in einem eigenen Haus.

»Nein«, sagte Malte. »Unmöglich. Du weißt, dass wir einen Hund haben.«

Ja, das wusste Linda. Einen großen, schweren Hund, vor dem alle Angst hatten. Einen Hund, der eine kleine Katze locker zum Nachtisch verspeisen könnte. Aber viel mehr wusste sie nicht über Malte.

»Nein.« Malte schüttelte den Kopf. »Auf keinen Fall.«

Die Katze hatte sich auf den nassen Blättern zusammengerollt. Sie zitterte. Malte stöhnte auf. Ergeben hob er die Arme.

Sie bauten ihr ein Bett aus einer alten Decke. In Maltes Schuppen. Der wurde schon seit Jahren nicht mehr genutzt und gammelte bloß noch vor sich hin. Das Grundstück grenzte an ein Bahngelände, und wenn ein Zug vorbeifuhr, klirrte leise das Glas in den Fenstern.

Die Katze legte sich hin und schloss erschöpft die Augen. Sie schnurrte sogar ein bisschen. Als hätte sie einen winzigen Rasenmäher in ihrer Kehle.

»Sie muss behandelt werden«, sagte Malte. »Wie viel Geld hast du?« Es klang ruppig. Als hätte auch er Linda zu nah an sich herangelassen. Als müsse er sich in Sicherheit bringen.

Sie leerten ihre Geldbörsen. Vierundzwanzig Mark siebenunddreißig.

Das war wahrhaftig kein Vermögen. Aber immerhin wusste Linda jetzt mehr über Malte. Er hatte genauso wenig Geld wie sie.

In Maltes Rucksack trugen sie die Katze zum Tierarzt. Eine Augenentzündung, entzündete Ohren, eine Fleischwunde an der linken Hinterpfote, Verwahrlosung und Unterernährung. Das war ziemlich viel auf einmal, aber lebensbedrohlich war es nicht.

Der Arzt gab der Katze eine Spritze und drückte ihnen verschiedene Mittel aus dem Arzneischrank in die Hand: ein Aufbaupräparat, Entwurmungstabletten, eine Vitaminpaste, eine Salbe für die Augen.

»In drei Tagen möchte ich euch wieder sehen«, sagte er. Die vierundzwanzig Mark siebenunddreißig nahm er nicht an. »Kauft Futter und Milch dafür.«

Jeden Morgen vor der Schule schlüpfte Linda in den Schuppen. Jeden Mittag nach der Schule. Und jeden Nachmittag. Der Schuppen war vom Bahngelände aus leicht zu erreichen. Sie musste sich nur vergewissern, dass der Hund nicht in der Nähe war.

Malte hatte die Katze meistens schon gefüttert. Aber die Medikamente verabreichte er ihr nicht. Das ließ die Katze sich nur von Linda gefallen. Bei Malte wand sie sich, fauchte, spuckte und kratzte. Bei Linda knurrte sie nur ein bisschen, blieb aber sonst ruhig und zeigte nicht ein einziges Mal die Krallen.

Die Katze schlief und schlief. Schlief sich gesund und sah von Tag zu Tag besser aus. Linda hatte ihr vorsichtig das Fell ausgebürstet, besonders stark verfilzte Haarbüschel mit einer Nagelschere herausgeschnitten, verkrustetes Blut mit lauwarmem Wasser aufgeweicht. Endlich konnte man das Fell richtig erkennen. Schwarz mit einem leichten Braunton, wenn die Sonne darauf schien, der Bauch weiß, ein weißes Dreieck auf der Stirn und weiße Stiefel an den Pfoten.

Endlich sah man auch die Farbe ihrer Augen. Grün wie die Glasperlenkette, die Linda früher so geliebt hatte.

Die Katze wurde immer kräftiger. Saß jetzt oft vor der Tür. Kratzte am Holz. Sie war bestimmt noch nie eingesperrt gewesen. Aber bis sie gesund war, sollte sie im Schuppen bleiben. Zu ihrem eigenen Schutz. Zu ihrem eigenen Schutz?

Linda hatte sie insgeheim *Prinzessin* getauft, weil sie Malte behandelte wie einen Diener, der ihr zwar Futter, Wasser und Milch hinstellen, sie jedoch nie berühren durfte. Das erlaubte sie nur Linda.

Es machte Malte nicht neidisch. Geduldig reichte er Linda die feuchte Watte, wenn sie der Katze die Augen

säuberte. Er machte die Klokiste sauber. Zweigte oft Essen aus der Küche ab. Und hatte immer Zeit.

Manchmal überraschte Linda ihn dabei, wie er neben der Katze saß und ihren Schlaf bewachte.

»Ich hatte grade nichts Besseres zu tun«, sagte er verlegen und machte ein mürrisches Gesicht.

»Hast du dich etwa in Malte verguckt?«, fragte Maren. »Ihr benehmt euch neuerdings reichlich sonderbar.«

»In Malte? Quatsch! Ich doch nicht!«

Sie unternahmen öfter mal was zusammen, Linda, Malte, Benno und Maren. Es hatte sich zufällig so ergeben, weil sie alle nah beieinander wohnten und in eine Klasse gingen. Aber das war's auch schon. In Malte verguckt! Eine Schnapsidee!

»Bist du sicher?« Maren konnte ganz schön nerven.

»Todsicher.«

»Und warum kriegt man euch kaum noch zu sehen?«, bohrte Maren weiter.

Natürlich hätte Linda ihr von der Katze erzählen können. Von dem Schuppen und dem streifigen Licht, das durch die schmutzigen Scheiben fiel. Davon, dass Malte immer da war. Von seinen Augen, die fast so grün waren wie die Augen der Katze. Aber sie tat es nicht. Sie erzählte niemandem davon.

Die Katze 99

»Die Katze wartet auf dich«, sagte Malte. »Kurz bevor du kommst, wird sie unruhig. Dann kann ich sie nicht mal mit Sahne locken.«

Dabei fraß sie wie ein Scheunendrescher. Und besonders Sahne liebte sie. Das Geld war längst aufgebraucht. Für Katzenfutter und Streu. Linda hatte Oma angepumpt. Malte verdiente sich ein paar Mark, indem er für Nachbarn Rasen mähte.

»Prinzessin«, flüsterte Linda und vergrub die Finger in dem warmen, weichen Fell.

Manchmal gurrte die Katze wie eine Taube. Berührte Lindas Gesicht mit der Pfote, so zärtlich und sacht, dass Linda der Atem stockte. Aber dann zog es die Katze wieder zur Tür. Sie sah sich nach Linda um. Fordernd. Strich wie ein kleiner Panter vor der Tür auf und ab. Eingesperrt. Gefangen.

»Sie ist gesund«, sagte Malte vorsichtig.

Linda nickte.

»Und sie ist an Freiheit gewöhnt«, sagte Malte.

Das wollte Linda nicht hören. Hatte die Katze nicht alles, was sie brauchte? Futter, einen warmen Schlafplatz, Zärtlichkeit?

Sie sah die Kratzer an der Tür. Und guckte rasch wieder weg.

Jedes Mal, wenn Linda ans Fenster klopfte, damit Malte ihr öffnete, hatte

sie Angst, die Katze nicht mehr vorzufinden. Jedes Mal befürchtete sie, Malte sei weich geworden und habe sie gehen lassen.

Er musste gar nichts sagen. Und er sagte auch nichts mehr. Das Verhalten der Katze sagte genug. Sie begrüßte Linda, dann stand sie abwartend vor der Tür.

Bunte, milde Herbsttage. Übergossen von gelbem Licht. Und die Katze wartete.

Linda sah Malte an. Er nickte.

Die Katze schoss nicht hinaus. Sie streckte das Gesicht in die Sonne, kam noch einmal zurück, strich Linda um die Beine, dann Malte, ging langsam hinaus und verschwand unter den Heckenrosen.

Linda spürte, wie ihr die Tränen übers Gesicht liefen. Sie spürte Maltes Hand auf ihrem Rücken. Und dann seine Lippen auf der Wange.

Sie trafen sich weiter in Maltes Schuppen. Flüsterten. Lachten. Waren still miteinander. Der Herbst war vorbei. Eisblumen wuchsen an den Fenstern.

Und manchmal kam die Katze sie besuchen.

Sie erzählten niemandem davon. Es war schön, ein Geheimnis zu haben.

Manfred Mai

In einem fremden Land

Franziska hatte mit ihrer besten Freundin Katrin gespielt und dabei mal wieder völlig die Zeit vergessen. Als sie nach Hause kam, saßen Mama und Papa schon beim Abendbrot.

»Hallo!«, sagte Franziska und setzte sich schnell an ihren Platz.

Die Eltern schauten sie an und schwiegen.

Franziska fühlte sich ziemlich unbehaglich. »Oh, ich hab ganz vergessen, die Hände zu waschen«, murmelte sie, stand auf und ging ins Bad, weil sie dachte, es wären die ungewaschenen Hände, die ihre Eltern störten. Aber da war noch etwas anderes, das spürte Franziska ganz genau.

Papa räusperte sich. »Äh ... also ... Franziska«, begann er, »Mama und ich ... wir ... wir müssen dir etwas sagen.«

Franziska hörte auf zu kauen.

102 In einem fremden Land

Wenn ihr Papa so umständlich redete, bedeutete das meistens nichts Gutes.

»Also«, sagte er noch einmal, »um es kurz zu machen: Unsere Firma hat in Rumänien eine neue Fabrik gebaut.« Er stockte und sein Blick huschte von Franziska zu seiner Frau und wieder zurück.

Franziska verstand nicht, was die Fabrik in Rumänien mit ihr zu tun hatte und warum sich ihre Eltern so eigenartig benahmen.

»Und ich soll in den nächsten zwei Jahren in dieser Fabrik arbeiten«, sagte er dann ganz schnell.

Ein paar Augenblicke lang starrte Franziska ihren Vater mit großen Augen und offenem Mund an. Dann schüttelte sie heftig den Kopf und rief: »Nein! Nein! Du darfst nicht nach Rumänien gehen. Du musst bei uns bleiben!«

»Ich bleibe ja bei euch«, sagte Papa. »Wir ... wir fahren nämlich alle zusammen nach Rumänien.«

Nach dem ersten Schreck, der Franziska sprachlos gemacht hatte, war sie traurig und wütend, wollte weglaufen und ihre Eltern nicht mehr sehen. Und auch nach vielen Gesprächen, die Franziska meistens mit teilnahmslosem Gesicht über sich ergehen ließ, wollte es nicht in ihren Kopf, dass sie bald in einem fremden Land leben musste.

In einem fremden Land 103

Zu Franziskas Überraschung waren die ersten Tage in Rumänien dann fast wie Urlaub. Sie wohnten in einem schönen Hotel. Das Wetter war herrlich und zweimal fuhren sie sogar an einen See zum Baden. Doch richtig genießen konnte Franziska die Tage nicht, dazu hatte sie viel zu große Angst vor der Schule, vor den neuen Lehrern und den fremden Kindern mit ihrer anderen Sprache.

Am ersten Tag begleitete Mama Franziska in die neue Schule. Der Schulleiter konnte zum Glück ein wenig Deutsch und begrüßte Franziska freundlich. »Du in Klasse zu Herr Dobrescu kommst.« Er brachte Franziska in ihre neue Klasse, sagte etwas zu den Kindern, gab Franziska einen aufmunternden Klaps und ging wieder.

Herr Dobrescu nahm Franziska an der Hand und führte sie zu dem leeren Platz neben einem Mädchen. Das Mädchen rückte ein bisschen weg von Franziska, als hätte sie Flöhe oder eine ansteckende Krankheit.

Herr Dobrescu brachte Franziska ein Buch und schlug es auf. Er zeigte auf die Überschrift einer Geschichte und sagte: »Noi citim.«

Franziska versuchte die Überschrift zu lesen. »Zicători si povestiri vesele.« Die Buchstaben kannte sie. Es waren die gleichen wie in ihrem Lesebuch. Aber die Wörter waren fremd, die verstand Franziska nicht.

104 *In einem fremden Land*

Ein Junge fing an, die Geschichte laut vorzulesen: »Ian si Boris agată un balon umplut cu apă pe tavanul clasei exact deasupra scaunului Profesorului.«

Alle Kinder lachten und prusteten los. Nur Franziska verstand nichts. Sie saß zwischen den fremden lachenden Kindern und fühlte sich furchtbar einsam. Tränen liefen ihr über die Backen, sie schluchzte leise.

»Cea nouă plînge«, sagte das Mädchen neben Franziska.

Alle Köpfe drehten sich, alle Augen schauten Franziska an. Herr Dobrescu strich Franziska über den Kopf. Dann sagte er zu den Kindern: »Voi trebuie sa fiţi draguţi cu ea. Pentru ea este la început totul foarte greu aici la noi.«

Das stimmte. Für Franziska war in diesem fremden Land wirklich alles sehr schwer. Zu Hause war sie in der Schule immer eine der Besten gewesen, hier verstand sie kaum etwas. In den Pausen stand sie abseits, wenn die anderen Kinder spielten und lachten. Zu Hause hatte sie viele Freundinnen, mit denen sie spielen und lachen konnte, hier hatten auch alle Kinder Freundinnen und Freunde, nur sie nicht. Franziska dachte oft an zu Hause, an Katrin, an Oma und Opa und wurde immer trauriger.

In einem fremden Land 105

Einmal kam ein Junge auf sie zu und sagte: »Noi ne jucam de ascunsa si tu trebuie sa ne gasesti!«

Franziska verstand ihn nicht und wandte sich ab. Aber der Junge hielt sie fest und rief: »Stai! Stai!« Er schob Franziska zu einem Baum und drückte ihr die Hände vor die Augen. »Nu te uita!«

Langsam begriff Franziska: Sie sollte die anderen suchen. Das konnte sie, das ging wie zu Hause. Ihr Gesicht wurde ein wenig fröhlicher und sie begann zu zählen: »Eins, zwei, drei, vier, fünf, sechs, sieben, acht, neun, zehn – ich komme!«

Sie nahm die Hände von den Augen und schaute sich um. Hinter dem Mülleimer entdeckte sie ein Mädchen aus ihrer Klasse. Aber sie kannte ja ihren Namen nicht. »Du da, hinter dem Mülleimer! Ich habe dich gesehen!«, rief sie.

Das Mädchen rührte sich nicht. Franziska lief in Richtung Mülleimer. Da kamen die anderen Kinder aus ihren Verstecken, rannten schnell zum Baum und riefen: »Am ajuns! Am ajuns!« Dabei lachten sie laut, weil Franziska niemanden gefunden hatte.

Franziska stand zwischen Baum und Mülleimer und wie so oft in den letzten Tagen kämpfte sie mit den Tränen.

Obwohl Franziska nach einigen Wochen schon viele rumänische Wörter

106 *In einem fremden Land*

kannte, verstand sie im Unterricht kaum etwas. Dafür redeten Herr Dobrescu und die Kinder viel zu schnell. Und wenn Franziska versuchte, etwas auf Rumänisch zu sagen, dann lachten die Kinder, weil sie die Wörter nicht richtig aussprechen konnte. Deswegen schwieg sie lieber.

Eines Morgens kam Franziska auf dem Weg zur Schule ein Mädchen entgegen und blieb vor ihr stehen. Franziska zögerte kurz und wollte schon vorbeigehen, da fragte es: »Du deutsch?«

Überrascht guckte Franziska das Mädchen an. Dann nickte sie.

»Du nicht spreche?«, fragte das Mädchen.

Wieder nickte Franziska.

»Wie du heißt?«

»Franziska.«

»Ich Katinka.« Sie lächelte. »Dein Name und mein Name sind ... sind wie gleich.«

»Du meinst ähnlich?«

Katinka nickte. »Ähnlich.«

»Wie ... warum ... warum kannst du Deutsch?«, stotterte Franziska.

»Mein Großvater und mein Großmutter aus Deutschland«, erklärte Katinka. »Die haben mir Deutsch gelernt. Aber ich nicht gut spreche.«

»Doch, du sprichst gut«, sagte Franziska. »Ich verstehe alles. Wenn ich nur so gut Rumänisch könnte!«

In einem fremden Land 107

»Wenn du will, ich dir helfe.«

Franziska strahlte. »Das wär toll!«

Die Schulglocke bimmelte zum Unterrichtsbeginn.

»Ich in pauză auf dich warte«, sagte Katinka, bevor sie in ihr Klassenzimmer rannte.

Pauză war eines der ersten Wörter, die Franziska gelernt hatte. Pauză klang schön, fand Franziska jetzt, da jemand auf sie wartete. Zum ersten Mal freute sie sich auf die große Pause, seit sie in der neuen Schule war.

Die zwei Schulstunden gingen noch langsamer vorüber als sonst. Zumindest schien es Franziska so. Als es endlich klingelte, rannte sie schnell hinaus. Herr Dobrescu schaute ihr erstaunt hinterher. Was war denn plötzlich mit Franziska los?

Schon bald tauchte auch Katinka auf dem Schulhof auf. Franziska winkte ihr zu und rief: »Hallo, Katinka!«

Die beiden suchten sich ein stilles Plätzchen und packten ihre Pausenbrote aus.

Katinka klappte ihr Brot auf. »Bäh, schlechte Wurst!« Sie packte ihr Brot wieder ein.

»Willst du meines?«, fragte Franziska und hielt Katinka ihr Brot hin.

»Du nicht Hunger?«

»Doch«, sagte Franziska. »Aber wir können ja tauschen.«

108 *In einem fremden Land*

»Tauschen?«, fragte Katinka. »Was ist tauschen?«

»Ich gebe dir mein Brot, du gibst mir dein Brot. Dann haben wir getauscht.«

»Ich verstehe«, sagte Katinka. »Aber mein Brot nicht gut.«

Franziska sah Katinka an. »Lass mich doch mal probieren.«

Beide schnupperten wie zwei Hunde an den getauschten Broten herum, bevor sie hineinbissen.

»Schmeckt prima«, sagte Franziska.

Katinka guckte erstaunt. »Dein Brot viel besser.«

»Nein, deines ist besser.«

»Nein, deines ist besser«, wiederholte Katinka.

Dann lachten beide los.

Nachdem sie gegessen hatten, schlenderten sie über den Schulhof. Ein paar Mädchen hatten ein langes Hüpfseil. Zwei Mädchen schwangen das Seil, zwei hüpften. Franziska und Katinka schauten zu.

Katinka fragte die Mädchen, ob sie auch mal hüpfen dürften, und die nickten. Zuerst schwangen die Mädchen das Seil extra langsam.

»Mai repede!«, rief Katinka.

Die Mädchen schwangen das Seil schneller und schneller. Bald konnte Katinka nicht mehr und sprang hinaus. Sie klatschte im Takt mit und feuerte Franziska an. Immer mehr Kinder kamen und klatschten mit. Franziska hüpfte wie noch nie in ihrem Leben.

In einem fremden Land 109

Bis eines der vier Mädchen plötzlich das Hüpfseil schnappte und wütend rief: »Aceea imi apartine mie!« Sie gab Franziska einen Stoß. »Intindeo aici, tu!«

Franziska sah Katinka erschrocken an. »Was hat sie denn?«

»Ist böse, weil du kannst besser ... fugi.«

»Aber ... ich ... ich wollte doch nur ...«, stotterte Franziska.

»Ist nicht schlimm«, sagte Katinka. »Andere sich freuen, dass du kannst so gut ... ich nicht weiß, wie man sagt auf Deutsch.« Sie hüpfte ein paar Mal.

»Hüpfen.«

»Hüpfen.« Katinka lauschte dem Wort nach. »Wir sagen ›fugi‹.«

»Fugi«, wiederholte Franziska und hatte schon wieder ein Wort gelernt.

Plötzlich trat ein Mädchen aus der Gruppe der Kinder. Es hatte ein Hüpfseil in der Hand, blieb damit vor Franziska stehen und sagte: »Hüpfen.«

Achim Bröger

Ich freu mich!

O Mann, bin ich faul und voll gefuttert. Das Mittagessen eben war richtig gut. Spagetti mit Fleischsoße und Parmesankäse gab es. Auf die Schularbeiten habe ich jetzt natürlich überhaupt keine Lust, so satt und kugelrund, wie ich mich fühle.

Mama sieht auch etwas dicklich aus. Aber das kommt nicht vom guten Essen. Das kommt vom Baby in ihrem Bauch.

Mama und ich räumen das Geschirr ab. Dann sage ich grinsend: »Tschüss, Dicke«, und verschwinde in meinem Zimmer.

»Vergiss die Schularbeiten nicht!«, ruft meine Mutter hinter mir her.

Also, wenn ich das höre, denke ich, sie ist ganz die Alte geblieben. Obwohl das eigentlich nicht stimmt. Meine Mutter hat sich schon ziemlich verändert. Am meisten fällt mir in letzter Zeit auf, dass sie oft mit guter Laune rumläuft. Sie lacht mehr als sonst und freut sich über jede Kleinigkeit. Nicht nur der dicke Bauch, auch die Laune kommt vom Baby, hat sie mir erzählt.

Ich klettere in mein Hochbett und verkriech mich da. Schön ist es hier oben.

Komisch, ich muss den ganzen Tag an das Baby denken, obwohl es noch gar nicht da ist. Mensch, Baby, du beschäftigst uns alle ziemlich. Weißt du das eigentlich? Mama freut sich sehr auf dich, Papa auch. Und ich freu mich mit. Und wie!

Das kann ich in meiner Klasse keinem erzählen. Wirklich, das geht nicht. Ich hab's ja versucht. Oh, du Armer, haben sie mich da gleich bemitleidet. Du tust uns Leid. Mit Geschwistern ist es schrecklich. Sei nur froh, dass du bisher keine hattest.

Außerdem sagen sie: Alles machen einem die Kleinen kaputt. Immer werden sie bevorzugt und man muss andauernd nachgeben. In Ruhe lassen sie dich auch nie.

Ich glaube, die erzählen immer nur das Schlechteste von ihren Geschwistern, weil das irgendwie interessanter klingt. Nur ein einziges Mädchen hat später gesagt, und zwar ganz heimlich: Du … so schlimm ist es gar nicht, wenn du Geschwister hast. Manchmal kann es sogar ganz schön sein.

Weißt du, Baby, ich erziehe dich gleich von Anfang an richtig, damit wir gut miteinander auskommen. Meine Sachen lass ich mir jedenfalls nicht von dir kaputtmachen, das sag ich dir.

Also, wenn's irgendwas Unwichtiges ist, das kaputtgeht, bin ich nicht sauer. Aber wenn du zum Beispiel meine neue Uhr auseinander montierst, dann lass ich mir das garantiert nicht gefallen. Na ja, das mit der Uhr schaffst du am Anfang zum Glück gar nicht.

Mensch, bald krabbelst du wirklich da unten in meinem Zimmer herum. Toll finde ich das. Ich stell mir das oft vor. Zur Zeit versteckst du dich ja noch in Mamas Bauch. Irgendwie sieht der komisch aus. Ich möchte immer drauffassen.

In zwei, drei Wochen ist es so weit. Dann wirst du geboren. Na ja, vielleicht dauert es auch noch ein bisschen länger, hat Mama gesagt.

Seit wir wissen, dass wir dich bekommen, streiten Papa und Mama fast nie mehr. Es hat jetzt schon Vorteile, dass es dich bald gibt.

Wo ist denn mein Teddy? … Ach, er hat sich wieder unter meinem Deckbett verkrochen. Da bist du ja, alter Zausel. Dich verschenke ich nicht ans Baby. Du wirst höchstens mal verliehen, aber nur ganz kurz. Schließlich sind wir beide schon über neun Jahre zusammen. Also… der Teddy gehört mir, Baby. Das musst du einsehen.

Ich freu mich! 113

Natürlich bin ich gespannt, ob du ein kleiner Bruder oder eine kleine Schwester wirst. Meine Eltern wissen das noch nicht. Sie wollen es auch nicht wissen, du sollst eine richtige Überraschung werden.

Die Eltern meinen, dass sie vielleicht lieber ein Mädchen hätten. Ich sollte eigentlich schon eines werden. Bin ich nicht geworden. Sieht man ja deutlich.

Eine Schwester wäre prima. Aber wenn du ein Bruder sein solltest, macht es auch nichts. Ich nehm, was kommt. Kannst dich darauf verlassen.

Schade finde ich, dass sich unsere Eltern keinen richtig guten Namen für dich einfallen lassen. Und wenn mir ein Name einfällt, denke ich sofort an irgendwelche doofen Leute, die ich kenne und die mit dem Namen rumlaufen. Dann mag ich ihn gleich nicht mehr.

Mich haben sie Moritz genannt. Das geht, jedenfalls habe ich mich schnell daran gewöhnt. Wenn du ein Mädchen bist, wollen sie dich vielleicht Hanna nennen. Ich finde Hanna nicht so gut, weil zur Zeit alle Eltern ihre Babys Hanna nennen oder jedenfalls sehr viele. Allein in unserer Straße kenne ich zwei. Aber Eltern mögen diesen Namen. Das einzig Gute daran ist, dass man ihn auch von hinten lesen kann. Dann bist du eine falsch geschriebene Anna.

114 *Ich freu mich!*

Eines muss klar sein, Baby. Wenn du zu groß für die Karre und das Kleinkinderbett geworden bist, kommst du ins untere Etagenbett. Jedenfalls bleibe ich hier oben. Vielleicht lasse ich dich irgendwann mal eine Nacht hoch, aber nicht länger.

Am Anfang brüllst du vor allem rum. Ich weiß das. Wir werden uns nicht viel unterhalten können. Ihr Babys macht nämlich mächtig Radau für eure Größe und man versteht nichts davon oder fast nichts. Das weiß ich noch von dem Kleinen aus dem Erdgeschoss. Der konnte das auch. Und wie! Aber wenn du schreist, erzähle ich dir was Schönes. Oder ich geb dir die Flasche. Während du am Schnuller nuckelst, kannst du ja nicht schreien. Das ist praktisch.

Vielleicht probiere ich die Nuckelei auch noch mal. Ich weiß nämlich gar nicht mehr, wie das geschmeckt hat und was das für ein Gefühl war.

Später erzählen wir uns abends was, wir beide. Du wirst nach der ersten Brüllerei nämlich bald reden können. Na ja, vielleicht nicht so ganz bald, aber ziemlich bald. Das hoffe ich jedenfalls.

Das Reden ginge natürlich schneller, wenn ich dir jeden Tag ein paar Wörter beibringen würde. So etwa drei. Das wären in einer Woche ... Moment ... einundzwanzig Wörter. Sagen wir zwanzig. Am Sonntag musst du nämlich nur zwei lernen, weil Sonntag ist.

Außerdem lässt sich's mit zwanzig besser rechnen. Das sind dann achtzig Wörter im Monat. In einem Jahr ... oje ... dafür brauche ich Bleistift und Papier. Das will ich mal ausrechnen.

So, hier habe ich das Ergebnis: Das sind ungefähr tausend Wörter in einem Jahr, die du lernen musst. Mensch, Baby, das ist ja eine Menge. Hoffentlich wird das Lernen kein Stress für dich. Also sagen wir, du lernst achthundert. Das reicht.

Noch was will ich dir sagen: Mama hört nicht gern Schimpfwörter. Du weißt schon, welche ich meine. In meiner Klasse höre ich die andauernd. Komm einfach zu mir und wir sagen uns die dann heimlich.

Ich kann dir eine Menge beibringen, Baby. Echt.

Vor der Schule brauchst du nicht viel Angst zu haben. Ein bisschen helf ich dir bestimmt mit den Schularbeiten. Und du hast Glück, ich bin kein obertoller Musterschüler. Deswegen werden die Eltern sicher nicht verlangen: Nimm dir ein Beispiel an Moritz. Das ist ganz gut für dich, was? Aber du darfst in der Schule auch nicht zu toll werden. Das wär dann wieder ziemlich blöd für mich, wenn uns die Eltern vergleichen würden.

Psst, draußen geht Mama herum. Und jetzt kommt sie in mein Zimmer.

»Na, wann fängst du mit den Schul-

arbeiten an?«, fragt sie von unten zu mir ins Hochbett herauf.

»Später«, sage ich. »Erst mal möchte ich noch ein bisschen liegen bleiben.«

»Was machst du denn?«, fragt sie.

»Ich denk übers Baby nach.«

»Dann will ich dich nicht stören«, sagt sie, streichelt meinen Fuß und geht raus.

Weißt du, Baby, früher hat sie mir abends immer ein Lied vorgesungen, die Mama. Das war richtig schön. Jetzt tut sie das fast nie mehr. Schade. Na ja, vielleicht singt sie wieder, wenn du da unten liegst. Dann höre ich mit. Aber Papa soll nicht singen. Seine Stimme klingt ziemlich furchtbar.

Unsere Eltern sind gar nicht so schlecht. Du wirst dich an sie gewöhnen. Ich hab das auch geschafft.

Bei Papa musst du nicht erschrecken. Sein Reden klingt oft laut. Es soll aber gar nicht so klingen. Du kannst ja zu mir kommen, Baby. Dann tröste ich dich und erklär dir alles. Mit Mama kommt man meistens gut zurecht. Sie wird nur sauer, wenn du überall in der Wohnung Sachen rumliegen lässt, wie ich das manchmal mache. Na ja ... vielleicht sogar ziemlich oft. Darüber ärgert sie sich.

Zuerst helf ich dir beim Aufräumen, bis du das selber schaffst. Danach musst du mir aber auch helfen.

Was können wir beide eigentlich so alles zusammen machen? Mal überlegen.

Vor allem schiebe ich dich draußen mit der Karre herum, klar. Später spielen wir dann miteinander. Oder wir legen uns in die Badewanne und machen Quatsch. Schwimmen sollst du auch lernen. Natürlich nicht in der Badewanne.

Mensch, Baby, wir haben ziemlich viel vor. Manchmal kannst du auch zu mir ins Bett hochklettern. Dann reden oder spielen wir hier oben. Aber pass bloß auf, dass du nicht runterfällst. Wahrscheinlich ist es am besten, ich schnall dir einen Fallschirm um. Baby mit Fallschirm … das sieht bestimmt toll aus.

Wenn mal ein Großer ankommt und blöd wird, rennst du zu mir. Hoffentlich ist der Große nicht viel stärker als ich. Das wär nämlich sehr doof. Na ja, bis dahin bin ich bestimmt auch noch größer und stärker geworden, als ich jetzt bin. Ich kann ja trainieren. Da soll bloß einer kommen, der dir was tun will!

Ich glaube, zuerst reicht uns beiden das eine Zimmer hier. Papa und Mama meinen ja, mit dem einen gemeinsamen Kinderzimmer geht das nicht lange gut. Weiß ich noch nicht. Vielleicht kriegst du später mal ein eigenes Zimmer. Mama hat gesagt: Das Wohnzimmer ist so groß, dass wir aus einem Teil davon ein Zimmer für Hanna machen könnten.

118 *Ich freu mich!*

Über die Teilerei müssen wir sicher bald mal sprechen. Alle sagen, dass das Teilen zwischen Geschwistern eine ganz schwierige Sache ist. Ehrlich, ich glaub, ich teile auch nicht gerne. Aber ich hoffe, wir kriegen das hin.

Meinst du, ich denke das nur, weil ich dich noch nicht kenne? Vielleicht bist du ja ein richtig kleiner Raffzahn und willst alles haben? Das gibt's nicht. Da spiel ich nicht mit! Wir teilen ehrlich und genau. Auch wenn alle sagen, dass das nie klappt. Wir probieren's.

Da fällt mir ein, dass ich Papa und Mama bisher immer für mich alleine hatte. Eigentlich war das nicht schlecht. Die muss ich dann mit dir teilen. Oh... das kann schwierig werden.

So... und jetzt setze ich mich an die Schularbeiten. Wenn ich mit denen fertig bin, könnte ich eigentlich losgehen und dir ein paar Bauklötze kaufen, damit du später meine nicht klaust. Ich hab ja noch Taschengeld übrig.

Halt! Noch was! Vor einem muss ich dich warnen, und zwar vor Thomas, dem Nachbarjungen. Sei vorsichtig, der ist eine ziemlich miese Gurke. Komisch, dass der Thomas auch mal ein Baby war. Das kann man sich heute gar nicht mehr richtig vorstellen. Der haut sofort, wird gleich wütend, und gewinnen muss er auch immer. Mit dem spielen wir einfach nicht.

Den haben wir nämlich gar nicht nötig. Wir haben ja uns.

Mensch, Baby, ich freu mich wirklich ganz verrückt auf dich. Beeil dich mit dem Geborenwerden!

Die Autoren (alphabetisch):

Wenn du mehr von den Autorinnen und Autoren lesen möchtest, findest du Lesetipps auf S. 128.

Jürgen Banscherus
lebt mit Frau und zwei Kindern in Witten an der Ruhr. Nach seinem Studium in Münster und Bonn hat er in verschiedenen Berufen gearbeitet, unter anderem als Journalist und Verlagslektor. Seit mehr als zehn Jahren ist er nun freier Schriftsteller. Seine Bücher wurden in neun Sprachen übersetzt und mit vielen Preisen ausgezeichnet.

Christian Bieniek
lebt in Düsseldorf und schreibt für Kids und Erwachsene.

Kirsten Boie
war Lehrerin, bevor sie anfing, Bücher für Kinder und Jugendliche zu schreiben. Sie lebt mit ihrem Mann, zwei Kindern, einem Kaninchen und einem Meerschweinchen in der Nähe von Hamburg. Sie hat über 50 Bücher geschrieben, die in 16 Sprachen übersetzt wurden. Die bekanntesten handeln von dem Meerschweinchenweibchen King-Kong.

Achim Bröger
lebt mit seiner Frau am Waldrand von Sereetz, einem Dorf zwischen Lübeck und der Ostsee. Seine drei Kinder sind inzwischen erwachsen. Er hat früher neben dem Schreiben in einem Schulbuchverlag gearbeitet, aber seit 20 Jahren ist er nur noch als Schriftsteller tätig. Gern schreibt er phantasievolle und witzige Geschichten für Kinder und Jugendliche, aber genauso gern über deren Alltag. Seine Bücher sind inzwischen in 27 Sprachen übersetzt worden.

Monika Feth
lebt mit ihrer Familie in einem kleinen Dorf in der Voreifel. Ihre Bücher entstehen an einem großen alten Klostertisch. Er hat genügend Platz für den Computer, den Drucker und eine Menge Durcheinander – und manchmal, wenn sie aus Versehen die Tür aufgelassen hat, auch für den Kater Henry (der in vielen ihrer Bücher vorkommt).

Die Autoren

Herbert Günther
lebt mit Frau, Sohn und Hund in der Nähe von Göttingen. Trotz fast bücherloser Kindheit ist er schließlich doch zum Büchermenschen geworden. Er hat früher als Buchhändler gearbeitet, dann als Verlagslektor und seit mehr als zehn Jahren ist er freier Schriftsteller. Außerdem übersetzt er mit seiner Frau Ulli Kinder- und Jugendbücher aus dem Englischen. Wenn er nicht liest oder schreibt, hört er Musik, wandert oder spielt Tischtennis.

Manfred Mai
wurde in Winterlingen geboren und wuchs auf einem Bauernhof auf. Nach der Schule machte er eine Malerlehre und arbeitete in einer Fabrik, bis er endlich entdeckte, dass Bücher etwas ganz Tolles sind. Er las und lernte viel, wurde Lehrer und schließlich Schriftsteller. Inzwischen hat er über 80 Bücher geschrieben und lebt mit seiner Frau und seinen beiden Töchtern wieder in seinem Geburtsort auf der Schwäbischen Alb.

Die Autoren

Jo Pestum
wurde im Ruhrgebiet geboren und lebt heute in einem Bauernhaus im Münsterland. Er hat Malerei studiert und später als Chefredakteur einer Jugendzeitschrift und als Verlagslektor gearbeitet. Seit 30 Jahren ist er freier Schriftsteller und Film-, Funk- und Fernsehautor. Neben Erwachsenenromanen und Krimis schreibt er ganz besonders gern Bücher für Kinder und Jugendliche.

Anne Steinwart
lebt mit ihrem Mann in einer kleinen Stadt in Westfalen. Vor vielen Jahren, als sie ihre ersten Kinderbücher schrieb, waren ihre beiden inzwischen erwachsenen Kinder, Susanne und Christoph, ihre liebsten Kritiker. Früher arbeitete sie als Sekretärin und schrieb Geschichten und Gedichte in ihrer Freizeit, doch seit über zehn Jahren ist sie freie Autorin und hofft, dass es ihr gelingt, eines Tages »ihr allerbestes Buch« zu schreiben.

Das Quiz zum Buch

Hier warten neun knifflige Fragen darauf, von euch gelöst zu werden, zu jeder Geschichte eine. Welche Frage zu welcher Geschichte gehört, wird allerdings nicht verraten. Ihr müsst also alle Geschichten in diesem Buch lesen!!!

Das Beste kommt dann aber erst noch: Wenn ihr alle gesuchten Wörter gefunden habt, schreibt uns eine eigene Minigeschichte, in der alle Lösungswörter aus den neun Fragen vorkommen. Aber Achtung: Die Minigeschichte darf höchstens drei Sätze lang sein. Für die richtigen Lösungen und eure witzigen Ideen gibt es einen tollen Preis zu gewinnen, den der STUDIENKREIS, Deutschlands größte Nachhilfeorganisation, gestiftet hat. Was es ist und wohin ihr eure Geschichte schicken sollt, steht auf Seite 126.

Das Quiz könnt ihr auch gemeinsam mit Freunden oder in der Klasse lösen! Dann lasst euch mal was einfallen! Zuerst aber viel Spaß beim Knobeln.

Das Quiz zum Buch 125

Quizfragen

1. Für welche Sportart sind Nudeln nach Meinung von Romans Vater nicht das Richtige?
Für den □□□□□□□□□□
(Lösungswort)

2. An welches Märchen erinnert Sebastians Tagtraum als Ritter? An □□□□□□□□
(Lösungswort)

3. In welchem Zugwagen wartet die Rettung auf Matthias und seine gefangenen Freunde?
In Wagen Nr. □□□
(Lösungswort)

4. Was ist Lindas Alternative dazu ins Kloster zu gehen? □□□□□□□□ □□□□□□□□
zu heiraten. (Lösungswort)

5. Wovor müssen sich die Häuptlinge Falkenauge und Schneller Pfeil hinter großen Steinen in Sicherheit bringen? Vor einer riesigen Herde □□□□□□
(Lösungswort)

6. Welchen Gefallen wird Alex Robin bei einem Gegenbesuch garantiert nicht tun?
Was □□□□□□ anziehen.
(Lösungswort)

126 *Das Quiz zum Buch*

7. Vor wem wird das kommende Baby von seinem Bruder schon mal vorsorglich gewarnt? Vor dem Nachbarsjungen Thomas, der eine ☐☐☐☐☐ ☐☐☐☐☐ ist. (Lösungswort)

8. Eines der ersten rumänischen Wörter, die Franziska in ihrer neuen Heimat lernt, ist »fugi«. Was heißt das auf Deutsch? ☐☐☐☐☐☐
(Lösungswort)

9. Was tut die verzweifelte Miri, weil sie nicht sterben oder heulen will? ☐☐☐☐☐
(Lösungswort)

Zu gewinnen gibt's: Eine Klassenreise zur Expo 2000 nach Hannover.

Einsendeschluss ist einen Monat nach dem *Welttag des Buches*, also am 23. Mai 2000.

Die Einsendeadresse:

Stiftung Lesen
Kennwort: Ich schenk dir eine Geschichte 2000
Fischtorplatz 23
55116 Mainz

Fax: 06131/230333
e-mail: mail@StiftungLesen.de

Nachwort

Von »A« wie »Abschreiben lassen« bis »Z« wie »Zappen ohne Rücksicht auf die Fernbedienung...«

...richtige Freunde sind zu allem zu gebrauchen. Wie wäre es also damit, zusammen auf die Jagd nach tollen Preisen zu gehen? Denn wir haben zum Welttag des Buches für euch nicht nur das Preisrätsel in diesem Buch vorbereitet, sondern auch literarische Knobeleien zum Thema Liebe und Freundschaft, bei denen es natürlich auch etwas zu gewinnen gibt. Sie wurden an alle weiterführenden Schulen verschickt – zusammen mit einem Ideenheft mit vielen Vorschlägen für spannende Schulaktionen rund um das Thema Lesen. Fragt einfach bei euren Lehrerinnen und Lehrern nach.

Außerdem gibt es natürlich auch rund um den *Welttag des Buches 2000* vielfältige Aktionen in Bibliotheken, Buchhandlungen und Bahnhofsbuchhandlungen, in Bahnhöfen und Zügen – und natürlich in Schulen.

Viel Spaß – und viel Erfolg bei den Leserätseln!

eure Stiftung Lesen

Auch in diesen Büchern geht es um Freundschaft:

Jürgen Banscherus
Gottlieb,
der Killerhai

Christian Bieniek
Karo Karotte und der
liebste Hund der Welt

*Kirsten Boie
Silke Brix-Henker*
Prinzessin Rosenblüte

Achim Bröger
Zwei Raben mit
Rucksack

Monika Feth
Lockvogel flieg

Herbert Günther
Luftveränderung

Manfred Mai
Leonie ist verknallt

Jo Pestum
Die Gazelle

Anne Steinwart
Feuer und Flamme